westermann

Sachrechnen und Größen

Erarbeitet von

Judith Beerbaum, Sina Buchborn-Hofer,
Antonia Dehne, Catharina Fritz,
Anja Göttlicher, Katrin Klöckner,
Sarah Pfleger, Britta Wettels
und Stephanie Zippel

in Zusammenarbeit mit der
Westermann-Grundschulredaktion

Unter Beratung von

Henrieke Peter

Illustriert von

Angelika Citak und Karoline Kehr

Flex und Flo
Mathematik

Zeichenerklärung

 Schreibe ins Heft.

 Male/Zeichne mit der entsprechenden Farbe.

 Streiche durch, was nicht passt.

 Ordne zu.

 Kreise ein.

 Kreuze an.

 Benutze Material.

 Bearbeite die Aufgabe in Partnerarbeit.

Mathekonferenz: Tausche dich mit anderen Kindern über deine Ideen, deine Vorgehensweise oder deine Ergebnisse aus.

Addieren heißt plus rechnen.   Hier steht ein neues Fachwort.

Grundaufgabe $2 + 2 = 4$, also $32 + 2 = 34$ Hier steht ein neues Fachwort oder ein neues Beispiel, wie du über Mathematik sprechen kannst.

 Verweis auf passenden Diagnosetest im Flex und Flo Diagnoseheft 4, ISBN 978-3-14-118318-4

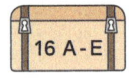 Verweis auf passende herausfordernde Aufgaben in der Flex und Flo Entdeckerkartei 4, ISBN 978-3-14-118330-6

 Verweis auf passende interaktive Übungen

 Verweis auf passendes Erklärvideo. Kamera oder den QR-Code-Reader des Smartphones oder Tablets über den QR-Code halten und anschließend die entsprechende Seite im Browser öffnen.

 Aufgabe aus dem Anforderungsbereich I
Reproduzieren: erfordert Grundwissen und das Ausführen von Routinetätigkeiten

 Aufgabe aus dem Anforderungsbereich II
Zusammenhänge herstellen: erfordert das Erkennen und Nutzen von Zusammenhängen

 Aufgabe aus dem Anforderungsbereich III
Verallgemeinern und Reflektieren: erfordert komplexe Tätigkeiten wie Strukturieren, Entwickeln von Strategien, Beurteilen und Verallgemeinern

 Einführung von Fachwörtern oder Redemitteln
Eine Sammlung der im Heft eingeführten Fachwörter und Redemittel zum Nachschlagen findet sich auf der letzten Doppelseite und der Beilage „Fachwörter und Redemittel 4". Die Beilage ist als Nachkaufset erhältlich. ISBN 978-3-14-118354-2.

 Medienbildung und Mathematiklernen verbinden
Anregung zur Bearbeitung mathematischer Lerninhalte mit digitalen Werkzeugen

 Erklärvideo in der BiBox/mittels QR-Code aufrufbar

 Tipp zur Verknüpfung der Themenhefte

Inhaltsverzeichnis

Datum: _____

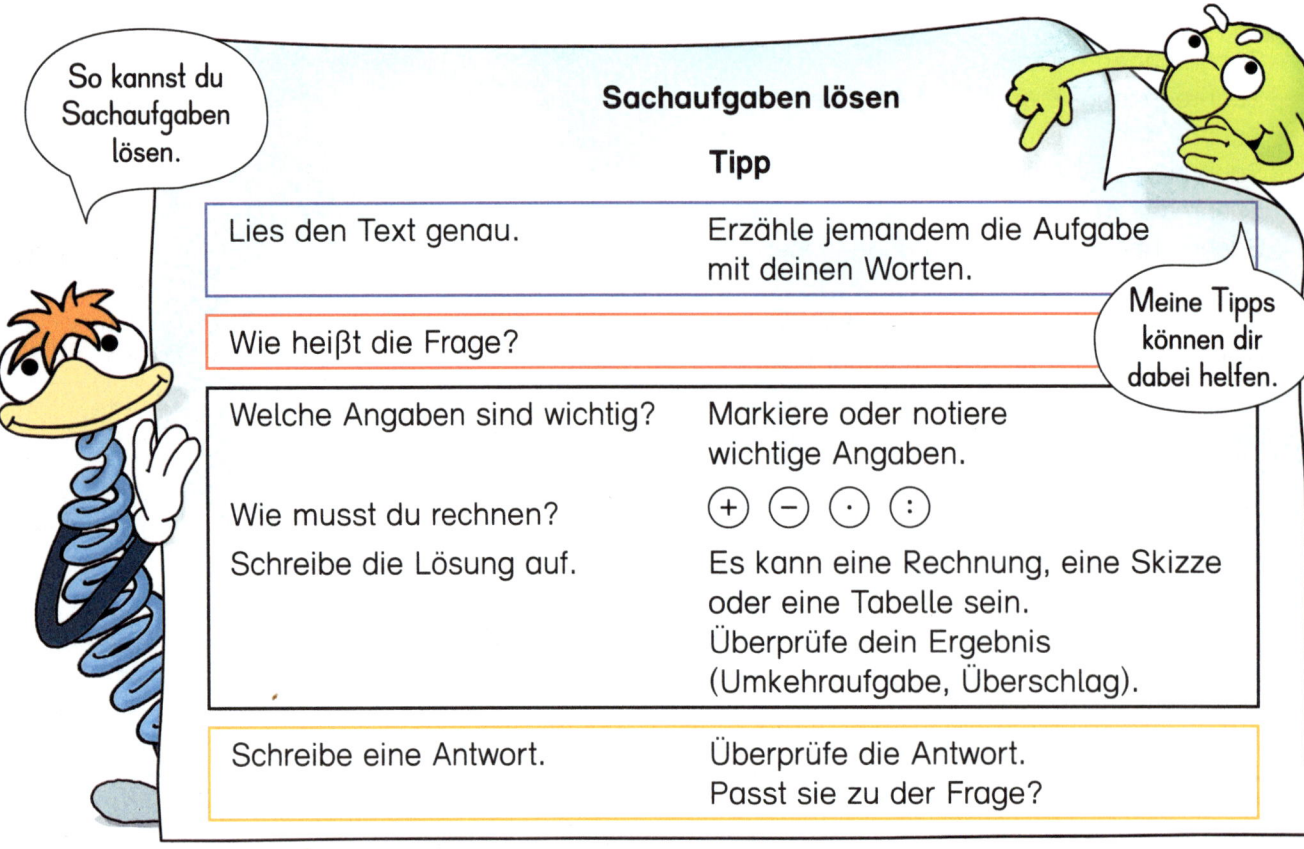

So kannst du Sachaufgaben lösen.

Sachaufgaben lösen

	Tipp
Lies den Text genau.	Erzähle jemandem die Aufgabe mit deinen Worten.
Wie heißt die Frage?	
Welche Angaben sind wichtig?	Markiere oder notiere wichtige Angaben.
Wie musst du rechnen?	$+$ $-$ $\cdot$ $:$
Schreibe die Lösung auf.	Es kann eine Rechnung, eine Skizze oder eine Tabelle sein. Überprüfe dein Ergebnis (Umkehraufgabe, Überschlag).
Schreibe eine Antwort.	Überprüfe die Antwort. Passt sie zu der Frage?

Meine Tipps können dir dabei helfen.

1  Welche Fragen kannst du beantworten? Kreuze an.
Schreibe Frage (F.), Lösung (L.) und Antwort (A.) in dein Heft.

In Köln gibt es ein Schokoladenmuseum.
Es wurde 1993 von dem Schokoladenhersteller
Dr. Hans Imhoff gegründet.

Öffnungszeiten
Di. bis Fr.: 10–18 Uhr
Sa./So.: 11–19 Uhr
Montags geschlossen

Eintrittspreise
Erwachsene: 12,00 €
Gruppe ab 15 Personen: 11,50 €
Schüler/-innen: 7,00 €
Gruppe ab 15 Personen: 6,50 €
Geburtstagskinder und Kinder unter 6 Jahren
haben freien Eintritt.

☐ Wie lange gibt es das Museum schon?

☐ Wann wurde der Gründer Hans Imhoff geboren?

☐ Wie viele Stunden hat das Museum in einer Woche geöffnet?

☐ Wie viel kostet der Eintritt für fünf Erwachsene?

☐ Wie viele Besucher hat das Museum in einem Jahr?

2  Finde eigene Fragen zu dem Text.
Dein Partnerkind löst sie.

➡ Vorherige Bearbeitung Themenheft Addieren und Subtrahieren bis S. 14 und Themenheft Multiplizieren und Dividieren bis S. 15 empfohlen.

Sachrechnen – Fragen und Angaben

1 Lies den Text und die Fragen. Suche dann im Text und im Bild die Angaben, die du brauchst, um die Aufgaben zu lösen. Unterstreiche die Angaben in der entsprechenden Farbe.

Aysan hat ihre sechs Freundinnen zu ihrem 9. Geburtstag zum Bowlen eingeladen.

Ihre Eltern haben von 16.00 Uhr bis 19.00 Uhr eine Bahn gemietet.

Sophie ist Aysans jüngste Freundin. Sie ist drei Jahre jünger als Maya.

Maya ist schon zwei Jahre älter als Aysan. Aysans Eltern feiern auch

mit. Alle trinken je zwei Gläser Limonade und essen je eine Waffel.

Für die Getränke und die Waffeln bezahlen die Eltern 63,00 €.

Bahn: 12,50 € pro Stunde
Getränk: 2,20 €
Waffel: ____ €

a) Wie viele Kinder sind auf dem Geburtstag? Unterstreiche rot.

Antwort: _____

b) Wie viele Personen feiern insgesamt zusammen? Unterstreiche blau.

A.: _____

c) Wie viel Euro kostet die Bowlingbahnmiete insgesamt? Unterstreiche grün und rechne.

A.: _____

d) Wie viel Euro kostet der gesamte Geburtstag auf der Bowlingbahn?
Unterstreiche schwarz und rechne.

A.: _____

e) Wie alt ist Aysans jüngste Freundin? Unterstreiche lila.

A.: _____

f) Wie viel Euro kostet eine Waffel? Unterstreiche orange und rechne.

A.: _____

Hier kannst du deine Lösungen aufschreiben.

Sachrechnen – Fragen und Angaben

1 Mira fährt für ein Wochenende mit dem Zug von Frankfurt zu ihren Großeltern nach Stuttgart.

DB			
Bahnhof/Haltestelle	Zeit		Preis
Frankfurt (Main) Hbf	ab	9.50 Uhr	61,50 €
Stuttgart Hbf	an	11.30 Uhr	
Stuttgart Hbf	ab	15.30 Uhr	61,50 €
Frankfurt (Main) Hbf	an	16.50 Uhr	

Platzreservierung: 4,50 € pro Fahrt

a) Wie viel kostet die Hin- und Rückfahrt?

L.: _____

A.: _____

_____

b) Wie viel kostet die Hin- und Rückfahrt mit Platzreservierung?

L.: _____

A.: _____

_____

c) Wie lange dauert die Hinfahrt?

L.: _____

A.: _____

_____

d) Wie lange dauert die Rückfahrt?

L.: _____

A.: _____

_____

e) Wie viel Zeit verbringt Mira insgesamt im Zug?

L.: _____

A.: _____

2 Lucia erzählt vom Tischtennisverein.
Lies den Text genau. Notiere zwei passende Fragen.

Mein Monatsbeitrag beträgt 8 €.

Wir trainieren jeden Dienstag von 15.30 Uhr bis 17.00 Uhr.

Der Fußweg zur Trainingshalle dauert ungefähr 15 Minuten.

Im letzten Jahr habe ich bei Turnieren 15 Spiele gewonnen, das sind fast doppelt so viele wie im Jahr davor.

F.: _____

F.: _____

3 Schreibe einen eigenen Text wie in Aufgabe 2 und notiere Fragen.
Dein Partnerkind beantwortet sie.

4 Schreibt eine eigene Rechengeschichte, bei der ihr

$\boxed{43 + 19}$ oder $\boxed{50 - 27}$ oder $\boxed{7 \cdot 9}$ oder $\boxed{32 : 4}$ rechnen müsst.

3,4 Kopiervorlage für die Notation von Rechengeschichten in der Handreichung/BiBox für Lehrer/-innen. **Textverarbeitung**: Eigene Rechengeschichte schreiben, ggf. ausdrucken, speichern und lösen (Vorlage in der BiBox für Lehrer/-innen).

Sachrechnen – Ergebnis prüfen

1 Banu hat viele Sachaufgaben gerechnet. Unten stehen seine Antworten.
Welche Antworten können stimmen? Welche nicht? Begründet.

a) Beim Weitwerfen hat Maria 1000 m weit geworfen.

b) Jonas ist an einem Tag 340 km mit dem Fahrrad gefahren.

c) Tarik bezahlt für drei Kugeln Eis 3,60 €.

d) Der Kinofilm dauerte 180 s.

e) Lou hat sich ein Buch für 995 Cent gekauft.

f) Lisas Zimmer ist 120 mm lang.

2 Pia hat 5,67 € in ihrem Geldbeutel. Sie kauft beim Bäcker ein belegtes Brötchen für 2,85 €
und bezahlt mit einem 5-€-Schein. Wie viel Geld hat sie jetzt noch in ihrem Geldbeutel?

Welche Lösung und welche Antwort passen zu der Frage? Kreuze an und rechne.

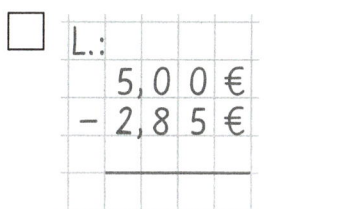

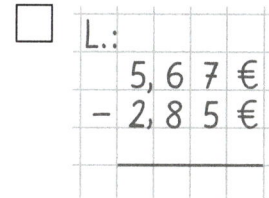

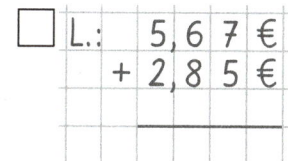

☐ A.: Pia bekommt 2,15 € zurück.   ☐ A.: Pia hat noch 8,52 € in ihrem Geldbeutel.

☐ A.: Pia hat noch 2,82 € in ihrem Geldbeutel.

3 Frau Frese geht immer an zwei Tagen in der Woche schwimmen.
Das Schwimmbad hat täglich von 7.00 Uhr bis 21.00 Uhr geöffnet.
Von ihrer Wohnung bis zum Schwimmbad sind es mit dem Fahrrad 3 km.
Frau Frese schwimmt jedes Mal 20 Bahnen. Eine Bahn ist 50 m lang.
Für eine Zehnerkarte bezahlt sie 26 €. Eine Einzelkarte kostet 3,10 €.

Was stimmt? Überprüfe und kreuze an.

a) ☐ Frau Frese schwimmt bei jedem Schwimmbadbesuch 1200 m.

b) ☐ 2000 m sind 40 Bahnen im Schwimmbad.

c) ☐ Das Schwimmbad hat in der Woche 78 Stunden geöffnet.

d) ☐ Frau Frese schwimmt jede Woche 2000 m.

e) ☐ Frau Frese bezahlt jede Woche 5,20 € für das Schwimmen.

f) ☐ 10 Einzelkarten kosten 4 € mehr als eine Zehnerkarte.

g) ☐ Frau Frese fährt jede Woche 15 km zum Schwimmbad und zurück.

Sachrechnen – Mit Skizzen lösen

1 Max macht mit seinen Eltern eine einwöchige Radtour. Am ersten Tag fahren sie 12 km. An jedem weiteren Tag fahren sie immer 4 km mehr als am Vortag.

a) Welche Skizze passt zu der Aufgabe? Kreuze an.

☐

| 4 km | 4 km | 4 km | 4 km | 4 km | 4 km | 4 km |

☐

| 12 km | 16 km | 20 km | 26 km | 35 km | 39 km | 43 km |

☐

| 12 km | 16 km | 20 km | 24 km | 28 km | 32 km | 36 km |

b) Wie viel Kilometer fahren sie insgesamt?

A.: _____

2 Sura fährt mit ihren Eltern in den Ferien mit dem Auto nach Spanien. Die gesamte Strecke ist 2 150 km lang. Am ersten Tag schaffen sie 510 km. Am zweiten Tag fahren sie doppelt so weit wie am Vortag. Am dritten Tag fahren sie bis zum Urlaubsort.

Wie viel Kilometer sind sie am letzten Tag gefahren? Löse mit einer Skizze.

L.:

A.: _____

3 Neo hat zu seinem Geburtstag einen Blechkuchen gebacken. An der langen Seite macht er fünf Schnitte, an der kurzen Seite drei Schnitte und teilt den Kuchen so in gleich große Stücke. Neo und seine vier Freunde essen je zwei Stücke.

L.:

Wie viele Stücke bleiben übrig?
Löse mit einer Skizze.

A.: _____

4 Herr Nelson und Herr Meier wohnen 125 km voneinander entfernt. Sie starten beide mit ihren Fahrrädern um 14.00 Uhr von zu Hause und fahren sich entgegen. Herr Meier schafft 20 km in einer Stunde. Herr Nelson fährt mit seinem Rennrad 30 km in einer Stunde.

Um wie viel Uhr werden sich die beiden treffen? Löse mit einer Skizze.

L.:

A.: _____

Sachrechnen – Mit Tabellen lösen

Datum: _____

1 In einem Schreibwarenladen kostet
ein Bleistift 70 ct, ein Buntstift kostet 90 ct.

a) Fülle die Tabelle aus.

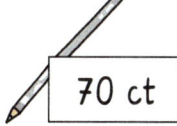 70 ct   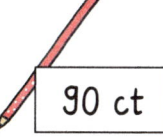 90 ct

	1	2	3	4	5	6	7
Bleistift	70 ct	€					
Buntstift							

b) Jonas kauft Stifte für die Schule. Er bezahlt 7,50 €.
Welche Stifte hat er gekauft? Nutze die Tabelle.

A.: _____

2 Nikola schaut am Nachmittag aus dem Küchenfenster und zählt
die Autos und Fahrräder, die vorbeifahren.
In zehn Minuten sind zwölf Fahrzeuge mit insgesamt 34 Rädern vorbeigefahren.

Wie viele Autos und wie viele Fahrräder waren es genau?
Löse mit der Tabelle.

Autos	Fahrräder	Anzahl der Räder
1	11	
2		

A.: _____

3 Esma möchte für den Lauftag an ihrer Schule trainieren.
Sie beginnt am 29. August mit dem Training und läuft 800 m.
Sie steigert die Länge ihrer Laufstrecke an jedem weiteren Tag
immer um die Hälfte der Strecke des Vortages.

Lauftag am 3. September

Wie lang ist ihre Laufstrecke am Vortag des Lauftages?
Löse mit der Tabelle.

Tag	29. August	30. August			
Laufstrecke	_____ m	_____ m	_____ m	_____ m	_____ m

A.: _____

1

Adrian möchte ein Mobile
mit Quadraten und Dreiecken basteln.
Er schneidet elf Formen
mit insgesamt 37 Ecken aus.

Wie viele Quadrate hat Adrian
ausgeschnitten?
Wie viele Dreiecke?

Ich erstelle eine Tabelle.

Ich zeichne eine Skizze.

Ich rechne.

Ich probiere aus.

Wie würdet ihr die Aufgabe lösen? Begründet.

2  Wie löst ihr die Aufgaben? Präsentiert euren Lösungsweg.

Denkt daran,
die Ergebnisse
zu prüfen.

A

In einem Theater hat die erste Sitzreihe 15 Plätze,
die zweite hat 18 Plätze, die dritte hat 21 Plätze
und dann immer so weiter.
Jede Reihe hat drei Plätze mehr als die vorige.

Wie viele Plätze hat die 6. Reihe?

B

Bauer Hoppe will einen Zaun bauen.
Dazu muss er auf 120 m Länge Zaunpfähle
im Abstand von 10 m setzen.

Wie viele Zaunpfähle braucht er?

C

Sila und Ella sind 900 m voneinander entfernt und gehen aufeinander zu.
Sila geht doppelt so schnell wie Ella.

Wie viel Meter geht Ella bis zum Treffpunkt?
Wie viel Meter ist dann Sila gegangen?

D

Lena möchte sich ein Fahrrad kaufen. Sie hat schon 73 € gespart.
Zu ihrem Geburtstag bekommt sie von den Großeltern 25 € und von ihrer Tante
15 € geschenkt. Das Fahrrad kostet 189 €. Lenas Eltern werden den Rest bezahlen.

Wie viel Euro werden Lenas Eltern bezahlen?

3

Bäcker Schmitz hat an einem Markttag seine
Einnahmen für Brötchen und Brote notiert.
Damit es sich für den Bäcker lohnt, muss er
am nächsten Markttag mindestens 200 €
für die gleiche Menge Backwaren einnehmen.

Verändert die Preise entsprechend.

Einnahmen
150 Brötchen: 90,00 €
20 Brote: 88,00 €

S1

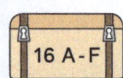

Geld – Wiederholung und Vertiefung

6,78 €	4,99 €	2,79 €	2,19 €	0,89 €	0,59 €	2,45 €

5,46 €	2,49 €	3,99 €	14,99 €	6,99 €

Leinwand	4,65 €	1,99 €	5,99 €	7,99 €

279 ct = 2 € 79 ct = 2,79 €
Das Komma trennt
Euro und Cent.

1 a) Artem kauft eine Schere und Klebstoff. Wie viel Euro muss er bezahlen?

L.:

A.: _____

_____

b) Er bezahlt mit einem 20-€-Schein. Wie viel Euro bekommt er zurück?

L.:

A.: _____

_____

2 Milla hat ein Mobile entworfen und das benötigte Material aufgeschrieben. Wie viel Euro kostet das ganze Material für Millas Mobile?

L.:

A.: _____

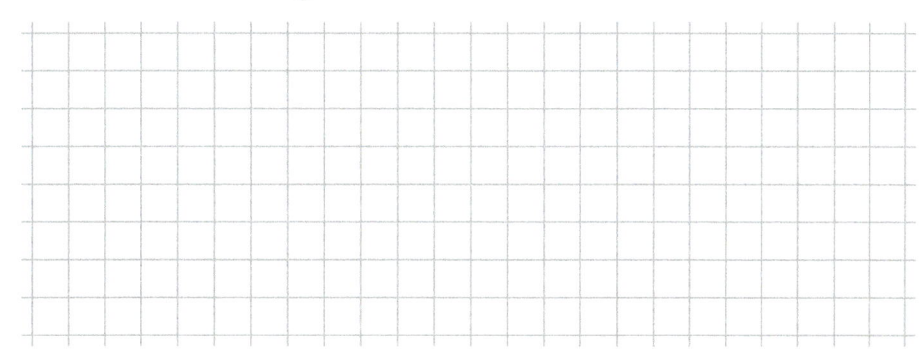

Material:
3 Holzstangen
1 Rolle Schnur
2 Stück farbigen Filz

3 Frau Baum geht für die Kunst-AG einkaufen. Alle 20 Kinder wollen mit Luftballons, farbigem Fotokarton, farbigem Bast und doppelseitigem Klebeband Fantasie-Tiere basteln.

Schreibt auf, was Frau Baum kaufen soll und wie viel es kostet.

4 Schreibe eine eigene Rechengeschichte zu dem Bild oben. Dein Partnerkind löst sie.

4 Kopiervorlage für die Notation von Rechengeschichten in der Handreichung/BiBox für Lehrer/-innen. **Textverarbeitung:** Rechengeschichte schreiben und lösen (Vorlage in der BiBox).
➡ Vorherige Bearbeitung Themenheft Addieren und Subtrahieren bis S. 14 und Themenheft Multiplizieren und Dividieren bis S. 15 empfohlen.

11

Geld – Wie viel kostet es ungefähr?

Datum: _____

Mirja, Lukas und ihr Onkel Johann besuchen ein Aquarium.

1 a) Kann Onkel Johann den Eintritt für alle mit zwei 20-€-Scheinen bezahlen? Überschlage.

   Ü.: _____

   A.: _____

b) In der Cafeteria bestellen die drei einen Kakao, einen Saft und einen Kaffee.
   Die beiden Kinder essen jeweils Pommes.
   Wie hoch ist die Rechnung ungefähr? Überschlage.

   Ü.: _____

   A.: _____

2 Was kann stimmen? Überschlage und kreuze an.

☐ Herr Braun isst eine Bratwurst und trinkt zwei Tassen Kaffee. Er soll 7,10 € bezahlen.

☐ Maria hat 6 €. Sie meint, dass sie für sich und ihre beiden Freundinnen je einen Kakao kaufen kann.

☐ Familie Decker hat 3-mal Pommes und 3-mal Saft bestellt. Mats meint, dass 20 € reichen.

3 a) Im Andenkenladen kaufen Onkel Johann, Mirja und Lukas noch zwei T-Shirts, ein Buch über Meerestiere und ein Krebs-Stofftier.
   Kostet der Einkauf mehr als 30 €? Überschlage und kreuze an.

   Ü.: _____   ☐ mehr als 30 €   ☐ weniger als 30 €

b) Du hast 15 € und möchtest im Andenkenladen mindestens drei verschiedene Dinge kaufen.
   Schreibe verschiedene Möglichkeiten in dein Heft.

4 Wann reicht es aus, den ungefähren Preis zu berechnen?
   Wann ist die Berechnung des genauen Preises wichtig? Findet eigene Beispiele.

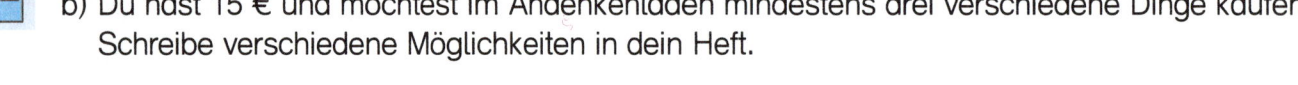

12

Geld – Kommazahlen schriftlich multiplizieren

Ein Ball kostet 3,65 €. Wie viel Euro kosten fünf Bälle?

Oben zwei Stellen nach dem Komma, unten zwei Stellen nach dem Komma.

$$3,65 € \cdot 5$$
$$1\,8\,2\,5 €$$

$$3\,6\,5\;ct \cdot 5$$
$$1\,8\,2\,5\;ct = 1\,8,2\,5 €$$

Ich rechne lieber in Cent und wandle das Ergebnis in Euro um.

1 Wie viel Euro kostet es? Rechne auf deinem Weg.

 3,65 €    4,75 €   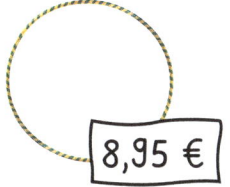 8,95 €    9,90 €    29,50 €

a) 9 Bälle

_____ €

b) 8 Seile

_____ €

c) 6 Reifen

_____ €

d) 2 Fußbälle

_____ €

2 a) Für das Sportfest müssen vier neue Pylonen gekauft werden.

F.: _____
_____

L.:

A.: _____

b) Frau Hofer schenkt ihren drei Enkelkindern je einen Fußball.

F.: _____
_____

L.:

A.: _____

3 a)

$$3,7\,5 € \cdot 4$$

$$1,1\,4 € \cdot 9$$

b)

$$0,9\,5 € \cdot 8$$

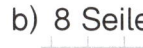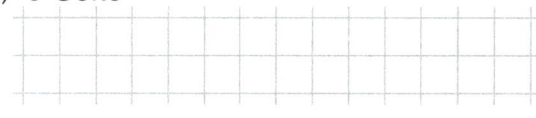

$$7,0\,8 € \cdot 4$$

c)

$$1\,9,7\,3 € \cdot 6$$

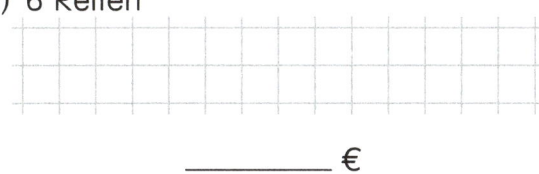

$$2\,4\,5,8\,5 € \cdot 3$$

Vorherige Bearbeitung Themenheft Addieren und Subtrahieren bis S. 55 und Themenheft Multiplizieren und Dividieren bis S. 36 empfohlen.

13

Datum:_____

Unten so viele Stellen nach dem Komma wie oben.

5,84 € · 14
5 8 4 0
2 3 3 6
  1
8 1,7 6 €

1

| 8,33 € · 17 | 0,84 € · 26 | 0,75 € · 32 |

| 43,12 € · 28 | 27,64 € · 40 | 54,85 € · 34 |

| 137,64 € · 18 | 173,30 € · 29 | 143,19 € · 16 |

2 Für die Regenbogenschule soll Pausenspielzeug bestellt werden. Berechne die Preise und vervollständige die Tabelle.

Bestimme den Gesamtbetrag der Rechnung.

Artikel	Einzelpreis	Anzahl	Preis
Ball	2,45 €	15	
Roller	68,80 €	2	
Paar Stelzen	17,65 €	5	
		gesamt:	

3 Eure Schule darf für 150 € Pausenspielzeug kaufen. Welches Spielzeug würdet ihr in welcher Anzahl mit dem Geld einkaufen?

Informiert euch im Internet, in einem Katalog, … Berechnet den Preis.

3 **Recherche/Textverarbeitung:** Über Pausenspielzeug und Preise informieren. Spielzeug, Anzahl und Preise in einer Tabelle (Vorlage in der BiBox) notieren, Gesamtbetrag berechnen.

Geld – Kommazahlen schriftlich dividieren

> **Drei Freunde teilen sich den Preis von 14,85 € für ein Gruppenticket.**
> **Wie viel Euro zahlt jeder?**

1 Dividiere schriftlich.

a)
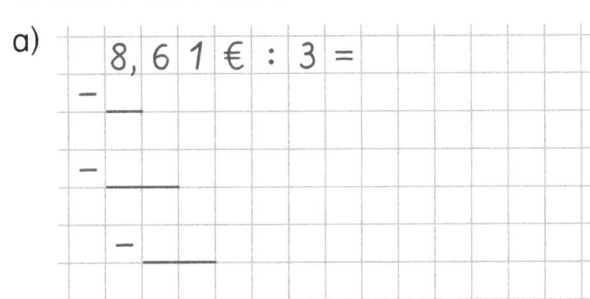

b)
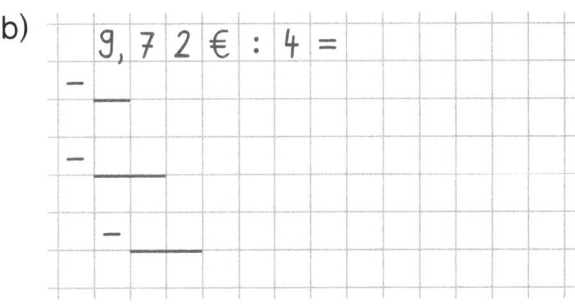

c)
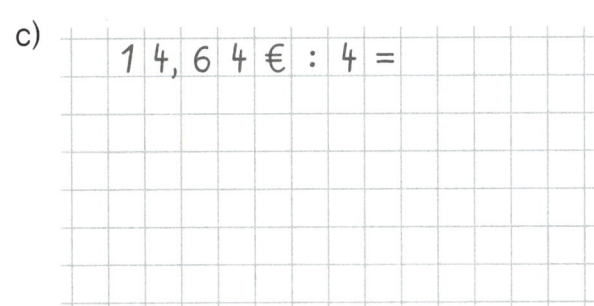

d)
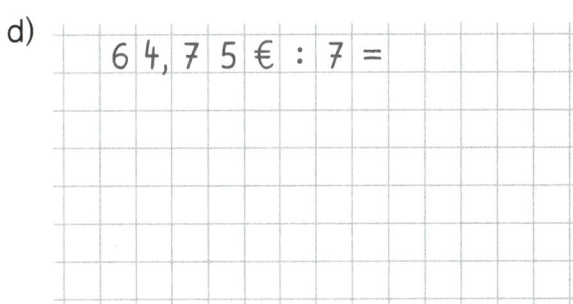

2 Dividiere schriftlich in deinem Heft.

a) 6,84 € : 4 b) 20,72 € : 8 c) 2,95 € : 5 d) 97,36 € : 8 e) 472,75 € : 5

9,78 € : 6   27,84 € : 3   3,22 € : 7   89,64 € : 9   866,04 € : 6

3 Kristof arbeitet in einem Spielwarenladen.

Er sollte die Einzelpreise berechnen und zeigt seiner Chefin die Tabelle. Sie sagt sofort: „Da sind Fehler drin."

Finde die Fehler mit einem Überschlag und rechne dann richtig in deinem Heft.

Artikel	Einzelpreis	Anzahl	Preis
Zoo	68,55 €	4	274,20 €
Eisenbahn	12,45 €	5	602,25 €
Lastwagen	16,90 €	3	50,70 €
Puzzle	2,90 €	2	41,80 €
Murmelbahn	59,50 €	6	357,00 €
		gesamt:	1 325,95 €

Vorherige Bearbeitung Themenheft Addieren und Subtrahieren bis S. 55 und Themenheft Multiplizieren und Dividieren bis S. 51 empfohlen.

15

Datum: _____

Luisa, Janne und Jonas sind mit ihren Eltern im Urlaub.

1 Die drei Kinder kaufen eine Luftmatratze und teilen sich die Kosten.

F.: _____

_____

L.:

A.: _____

_____

2 Janne kauft sich ein Sommerkleid. Die Hälfte des Preises geben die Eltern dazu.

F.: _____

_____

L.:

A.: _____

_____

3 Für die Fahrt zum Strand kaufen die fünf eine Familienkarte.
Berechne die Fahrtkosten für eine Person.

L.:

A.: _____

_____

4 Alle Familienmitglieder kaufen sich ein T-Shirt. Sie nutzen das Angebot.
Berechne die Kosten für ein T-Shirt.

L.:

A.: _____

_____

1 Der Supermarkt bietet die gleichen Orangen in verschiedenen Packungsgrößen an. Was ist das günstigste Angebot? Rechnet und begründet.

2 Paul möchte zwölf Orangen kaufen. Er denkt: „Zwei 6er-Schachteln sind am günstigsten." Was meinst du? Welche Schachteln mit Orangen soll Paul kaufen und wie viel Euro muss er bezahlen?

3 Sofie braucht zehn Orangen.
Welche Schachteln mit Orangen soll Sofie kaufen und wie viel Euro muss sie bezahlen?

4 Ein Baumarkt bietet die gleichen Schrauben in verschiedenen Packungsgrößen an.

a) Herr Wolf braucht 200 Schrauben.
   Welche Packungen soll er kaufen und wie viel Euro bezahlt er dafür?

b) Frau Nika braucht 80 Schrauben.

5 Im Bastelgeschäft gibt es die gleichen Pinsel in verschiedenen Packungsgrößen.

a) Max braucht acht Pinsel.
   Welche Packung soll er kaufen und wie viel Euro bezahlt er dafür?

b) Frau Versin braucht zehn Pinsel.

c) Herr Yilmaz möchte für seine Klasse 22 Pinsel kaufen.

  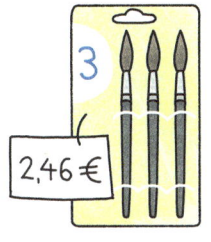 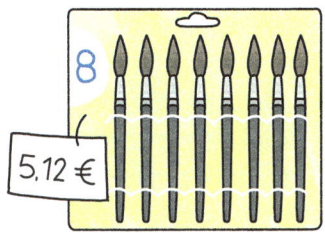

Recherche: Im Supermarkt oder im Internet über Packungsgrößen und Preise regelmäßig eingekaufter Lebensmittel informieren und die relativen Preise vergleichen (Welche Packungen sind günstiger?).

1

Pablo wünscht sich ein weiteres Meerschweinchen als Haustier.
Ein Gehege für seine Meerschweinchen hat er schon.
Gemeinsam mit seiner Mutter berechnet er die Kosten für das neue Tier.

Anschaffungskosten

Tier   29,90 €

Transportbox   34,85 €

Ausstattung   18,49 €

Monatliche Kosten

Futter   7,49 €

Heu   4,79 €

Streu   5,25 €

a) Überlegt gemeinsam: Was versteht man unter Anschaffungskosten?
   Was versteht man unter monatlichen Kosten?

b) Wie hoch sind die Anschaffungskosten ungefähr? Überschlagt.

c) Wie hoch sind die Kosten in einem Monat ungefähr? Überschlagt.

d) Wie hoch sind die monatlichen Kosten in einem Jahr ungefähr?

2

a) Das Tierheim „Pfötchenhilfe" erhält vom Lieferanten folgende Rechnung.
   Hat der Lieferant richtig gerechnet?
   Finde die Fehler mit einem Überschlag und rechne dann richtig.

Artikel	Einzelpreis	Anzahl	Preis
Paket Katzenfutter	5,99 €	15	89,85 €
Großpackung Katzenleckerlis	3,70 €	5	18,50 €
Katzenstreu	11,45 €	8	883,24 €
Großpackung Hundefutter	24,30 €	6	101,50 €
Großpackung Hundeleckerlis	6,80 €	3	20,40 €
Hundehütte	80,90 €	2	161,80 €

b) Das Tierheim erhält eine Spende in Höhe von 600 €.
   Reicht dieser Betrag, um die Rechnung zu bezahlen?

3

Welches Katzenfutter ist am günstigsten? Begründe.

4

Welches Haustier hättest du gern?
Informiere dich im Internet, in einer Tierhandlung, … über Anschaffungskosten
und monatliche Kosten und berechne sie.

1, 4 📄 **Recherche/Textverarbeitung**: Über Haltungsbedingungen, Anschaffungskosten und
monatliche Kosten eines Haustiers informieren. Artikel, Anzahl und Preise in einer Tabelle
(Vorlage in der BiBox für Lehrer/-innen) notieren. Gesamtkosten für Anschaffung und
monatliche Gesamtkosten berechnen.

Zeit – Wiederholung und Vertiefung

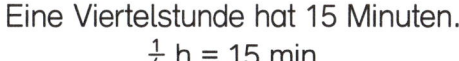

1 Minute hat 60 Sekunden.
1 min = 60 s

1 Stunde hat 60 Minuten.
1 h = 60 min

1 Tag hat 24 Stunden.
1 Tag = 24 h

Eine Viertelstunde hat 15 Minuten.
$\frac{1}{4}$ h = 15 min

Eine halbe Stunde hat 30 Minuten.
$\frac{1}{2}$ h = 30 min

Eine Dreiviertelstunde hat 45 Minuten.
$\frac{3}{4}$ h = 45 min

1 Wandle um.

a) 2 h = _____ min

3 h = _____ min

9 h = _____ min

b) 6 h 30 min = _____ min

7 h   5 min = _____ min

5 h 14 min = _____ min

c) 5 $\frac{1}{4}$ h = _____ min

4 $\frac{3}{4}$ h = _____ min

3 $\frac{1}{2}$ h = _____ min

2 a) 1 min = _____ s

4 min = _____ s

8 min = _____ s

b) 5 min 12 s = _____ s

7 min 28 s = _____ s

6 min   4 s = _____ s

c) $\frac{1}{2}$ min = _____ s

2 $\frac{1}{2}$ min = _____ s

9 $\frac{1}{2}$ min = _____ s

3 a)   80 s = ____ min ____ s

99 s = ____ min ____ s

150 s = ____ min ____ s

b) 220 s = ____ min ____ s

333 s = ____ min ____ s

250 s = ____ min ____ s

c)   538 s = ____ min ____ s

700 s = ____ min ____ s

1 000 s = ____ min ____ s

4 Male gleiche Zeitspannen mit der gleichen Farbe an.

15 min	480 s	1 h	3 h 40 min	eine Viertelstunde
72 h	220 min	3 600 s	8 min	ein halber Tag
	3 Tage		12 h	

5 Wie spät ist es in einer Dreiviertelstunde?

5 a)   3 . 1 0 Uhr $\xrightarrow{45\ min}$ _____

a)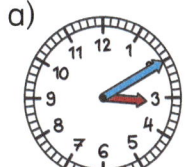

b)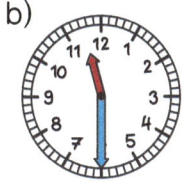

c)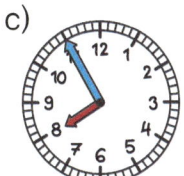

d)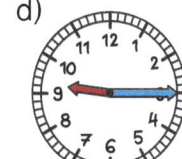

e)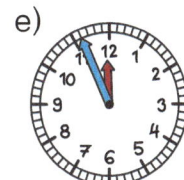

Vorherige Bearbeitung Themenheft Addieren und Subtrahieren bis S. 14 und Themenheft Multiplizieren und Dividieren bis S. 15 empfohlen.

19

Datum: _____

1 Wie spät ist es in …

a)   54 min,   _13.27 Uhr_   —54 min—→ _____

b) 2 h 35 min,   _13.27 Uhr_   ————————→ _____

c) 3 h 24 min?   _13.27 Uhr_   ————————→ _____

2 Wie spät ist es …

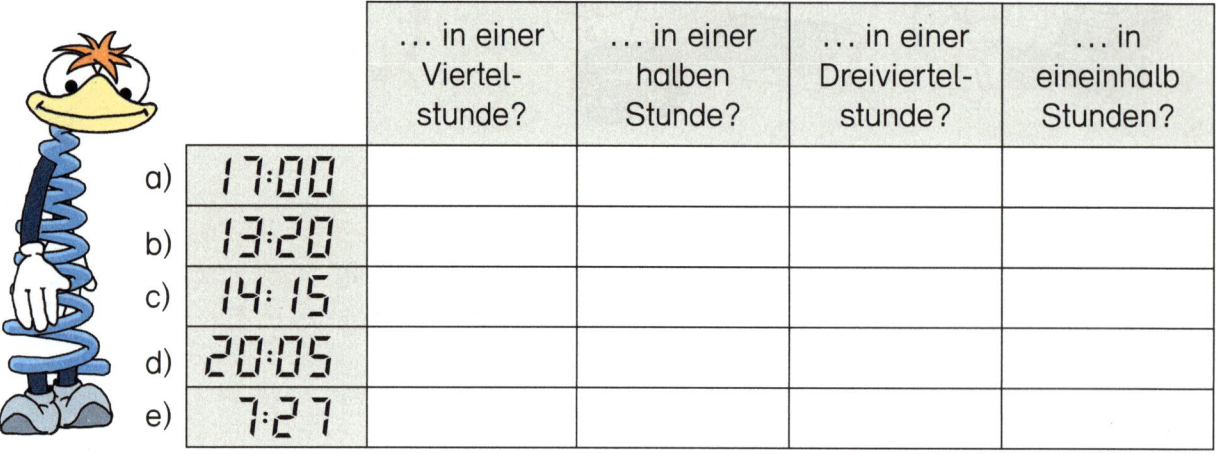

	… in einer Viertel-stunde?	… in einer halben Stunde?	… in einer Dreiviertel-stunde?	… in eineinhalb Stunden?
a) **17:00**				
b) **13:20**				
c) **14:15**				
d) **20:05**				
e) **7:27**				

3 Wie spät war es vor …

a)   51 min,   _____ ————————→ _7.54 Uhr_

b) 1 h 32 min,   _____ ————————→ _7.54 Uhr_

c) 2 h 58 min?   _____ ————————→ _7.54 Uhr_

4 Wie spät war es vor einer halben Stunde?

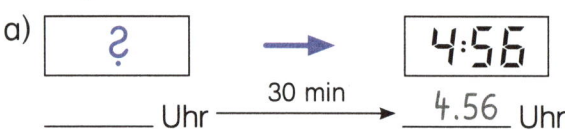

a)   [?] → **4:56**

_____ Uhr —30 min→ _4.56_ Uhr

b)   [?] → **17:09**

_____ Uhr —30 min→ _____ Uhr

5 Wie viel Zeit ist vergangen?

a) **10:28** → **13:25**

_____ Uhr —h   min→ _____ Uhr

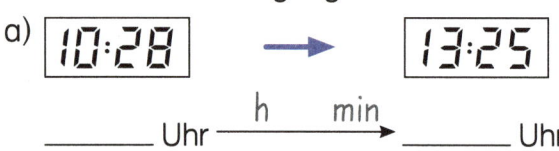

b) **12:36** → **15:11**

_____ Uhr ————————→ _____ Uhr

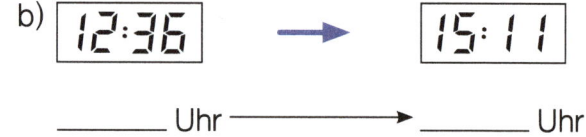

c) **20:07** → **22:03**

_____ Uhr ————————→ _____ Uhr

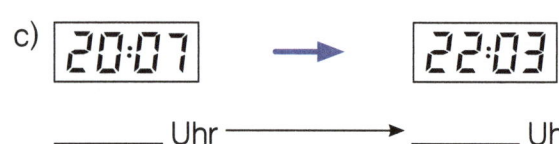

d) **6:42** → **8:25**

_____ Uhr ————————→ _____ Uhr

Datum: _____

Sima und Okan planen mit ihren Eltern einen Ausflug.
Sie wollen mit dem Zug von Koblenz nach Mainz und am gleichen Tag zurückfahren.
Die Kinder haben sich Fahrpläne aus dem Internet ausgedruckt.

Fahrplan Koblenz Hbf. ⟶ Mainz Hbf.	
Abfahrt	Ankunft
08:03	09:33
08:30	09:55
08:48	09:39
09:04	10:08
09:18	10:15

Fahrplan Mainz Hbf. ⟶ Koblenz Hbf.	
Abfahrt	Ankunft
17:44	18:42
17:51	18:56
18:58	19:59
19:20	20:11
19:51	20:54

Schreibe Frage (F.), Lösung (L.) und Antwort (A.) in dein Heft.

1 Vergleiche die Fahrzeiten. Mit welcher Zugverbindung braucht die Familie weniger Zeit?

a) Mit dem Zug von Koblenz nach Mainz um 8.03 Uhr oder mit dem um 8.30 Uhr?

b) Mit dem Zug von Mainz nach Koblenz um 17.44 Uhr oder mit dem um 17.51 Uhr?

2 Die Familie fährt am Samstagmorgen um 9.04 Uhr von Koblenz los.
Die Eltern möchten abends um 20.30 Uhr wieder in Koblenz sein.

a) Mit welchem Zug müssen sie spätestens zurückfahren?

b) Wie viel Zeit können sie in Mainz verbringen?

c) Wie viel Zeit haben sie in Mainz, wenn sie bei der Hinfahrt einen Zug später fahren?

3 Familie Yang aus Koblenz plant auch einen Ausflug nach Mainz.
Auf der Hinfahrt sind sie mit dem Zug 51 min unterwegs.
Für die Rückfahrt brauchen sie 1 h 3 min.

a) Wann kommen sie morgens in Mainz an?

b) Wann kommt der Zug abends in Koblenz an?

c) Wie viel Zeit können sie in Mainz verbringen?

4 Schreibe eine eigene Rechengeschichte zu den Fahrplänen.
Dein Partnerkind löst sie.

5 Fülle die Tabelle aus.

Abfahrt	7.45 Uhr		8.55 Uhr	9.10 Uhr	9.45 Uhr	
Fahrzeit	55 min	28 min		1 h 36 min		53 min
Ankunft		9.20 Uhr	10.45 Uhr		10.29 Uhr	11.47 Uhr

4 Kopiervorlage für die Notation von Rechengeschichten in der Handreichung/BiBox für Lehrer/-innen. ▪ **Textverarbeitung:** Eigene Rechengeschichte zum Fahrplan schreiben und lösen (Vorlage in der BiBox für Lehrer/-innen).

21

Datum: _____

1
a) An welchem Tag beginnt die Ferienfreizeit? An welchem Tag endet sie?

b) Um wie viel Uhr fährt der Bus am Treffpunkt los? Um wie viel Uhr kommt er am Ziel an?

2
Am dritten Tag der Ferienfreizeit wird ein „Dauerlauf um den Waldsee" veranstaltet. Eslems Lauf hat 4 Minuten und 37 Sekunden gedauert, Angelinas Zeit wurde mit 272 Sekunden angegeben. Wer war schneller?

3
Am fünften Tag ist eine Nachtwanderung zu einer Burgruine geplant.

a) Wie viel Zeit plant das Betreuungsteam für den Weg zur Burgruine ein?

b) Um 2 Uhr sind alle wieder zurück. Wie lange hat die Nachtwanderung gedauert?

c) An wie vielen Abenden wird Theater gespielt?

d) Wie viele Jahre und Monate dauerten die Renovierungsarbeiten?

4

Am letzten Tag der Ferienfreizeit hat Farid Geburtstag. Er wird zehn Jahre alt.

a) Wie alt ist Farids Betreuerin?

b) Wann hat Hannah Geburtstag?

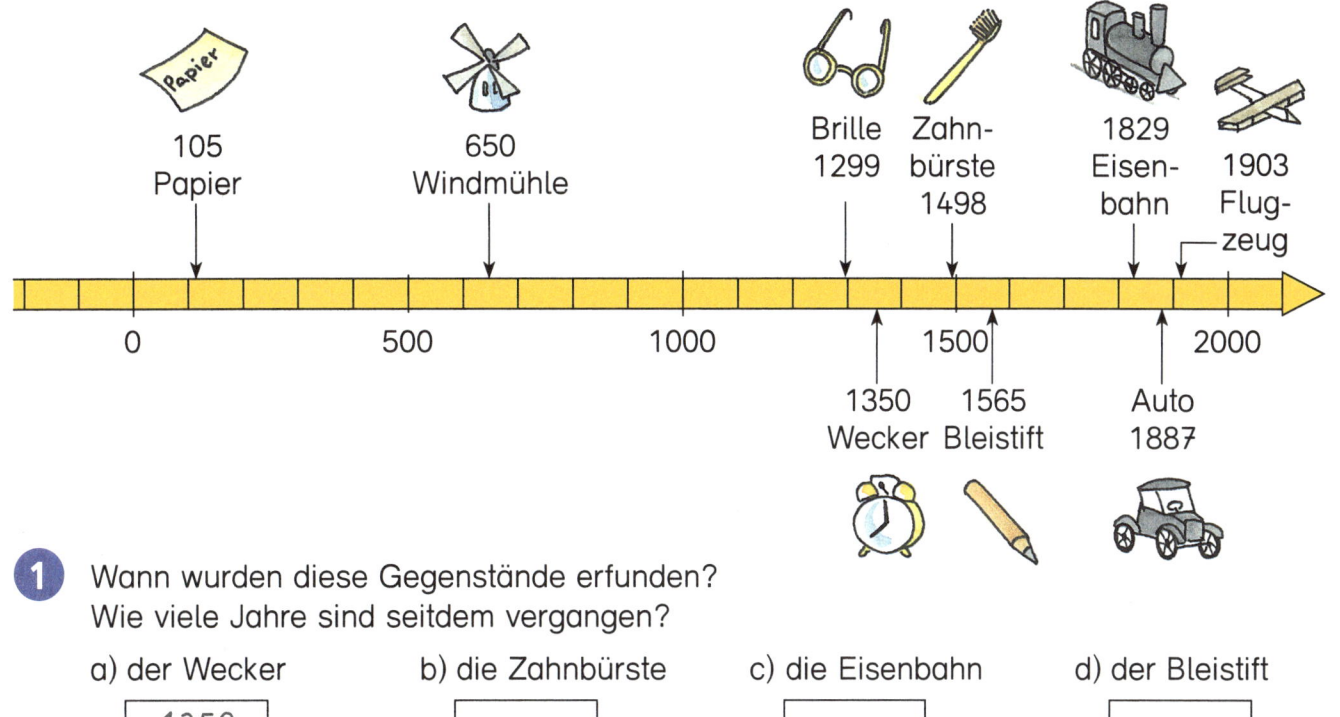

1 Wann wurden diese Gegenstände erfunden?
Wie viele Jahre sind seitdem vergangen?

a) der Wecker

b) die Zahnbürste

c) die Eisenbahn

d) der Bleistift

1350

_____ *Jahre* _____ _____ _____

2 Welches Jahr ist es?

a) 300 Jahre sind seit der Erfindung des Bleistifts vergangen.

b) 100 Jahre früher wurde das Auto erfunden.

c) 150 Jahre später wird die Brille erfunden.

_____ _____ _____

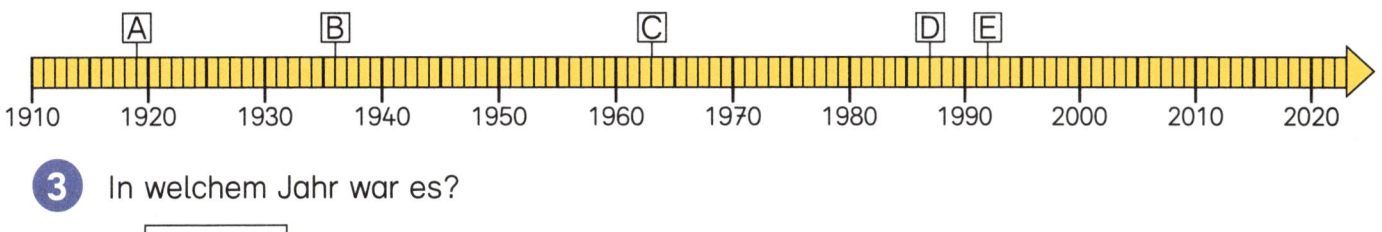

3 In welchem Jahr war es?

A [   ]   Die erste elektronische Verkehrsampel wird in den USA aufgestellt.

B [   ]   Der erste Hubschrauber fliegt in Deutschland.

C [   ]   In Japan werden die ersten Filzstifte hergestellt.

D [   ]   Der erste Windpark in Deutschland wird in Betrieb genommen.

E [   ]   In Deutschland wird zum ersten Mal mit einem Handy mobil telefoniert.

 4 Fertige eine eigene Zeitleiste an.
Trage Ereignisse ein, die für dich besonders wichtig waren,
zum Beispiel deine Geburt, deine Einschulung, …

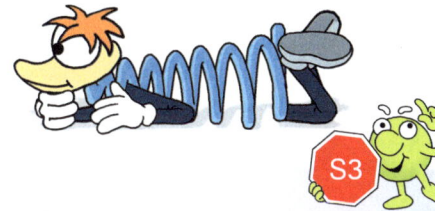

S3

📘 **Recherche**: Interessengeleitet zu Erfindungen recherchieren. Daten der Erfindung und
weiterführende Informationen notieren.

Längen – Wiederholung und Vertiefung

Datum: _____

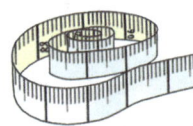 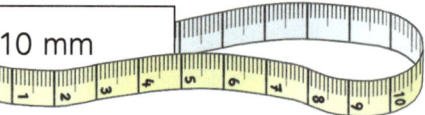

1 m = 100 cm   1 cm = 10 mm

1 Wie lang ist es ungefähr? Ordne zu. Finde weitere Beispiele und schreibe sie dazu.

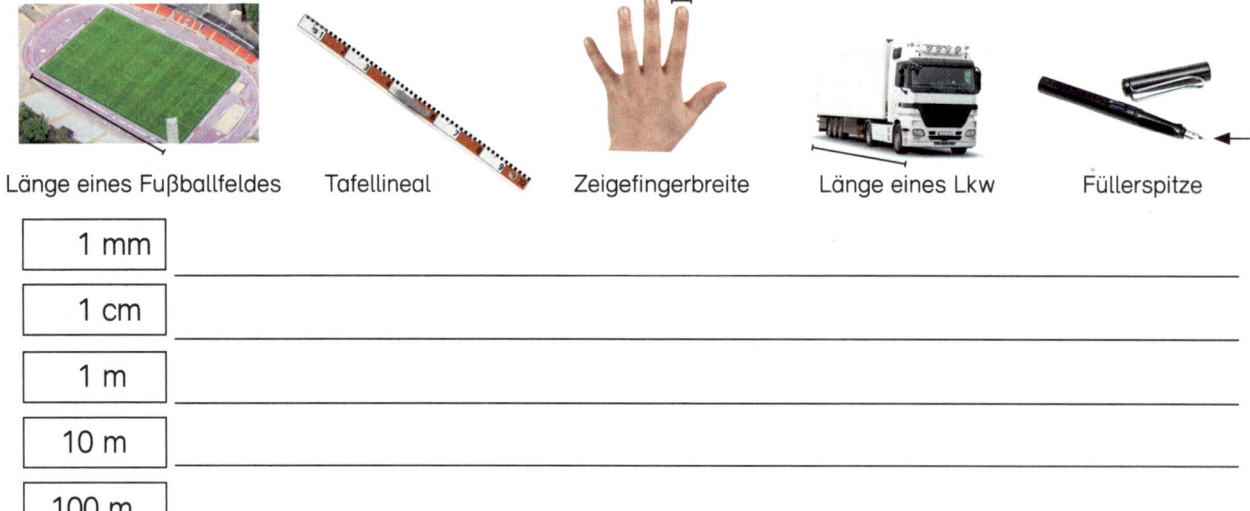

Länge eines Fußballfeldes   Tafellineal   Zeigefingerbreite   Länge eines Lkw   Füllerspitze

1 mm	_____
1 cm	_____
1 m	_____
10 m	_____
100 m	_____

2 Kreuze die passende Längenangabe an.

a) Ein hoher Baum ist ungefähr
- ☐ 2 m
- ☐ 20 m
- ☐ 200 m hoch.

b) Ein weißer Hai ist ungefähr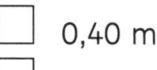
- ☐ 0,40 m
- ☐ 4 m
- ☐ 40 m lang.

c) Der Weltrekord im Weitsprung liegt bei ungefähr
- ☐ 9 m
- ☐ 90 m
- ☐ 900 m.

d) Ein Kreuzfahrtschiff ist ungefähr
- ☐ 3 m
- ☐ 30 m
- ☐ 300 m lang.

e) Ein Schritt ist ungefähr
- ☐ 0,08 m
- ☐ 0,80 m
- ☐ 8 m lang.

f) Ein erwachsener Mensch ist ungefähr
- ☐ 1,70 m
- ☐ 2,50 m
- ☐ 3,20 m groß.

3 Welche Einheit passt? Meter, Zentimeter oder Millimeter? Trage ein.

a) 40 _____   b) 4 _____   c) 4 _____   d) 4 _____

4 Findet weitere Tiere, deren Länge ihr in Meter, Zentimeter oder Millimeter angeben könnt. Gestaltet ein Plakat und präsentiert eure Ergebnisse.

1 📷 **Fotografie**: Repräsentanten fotografieren, präsentieren, ggf. ausdrucken und ein Merkplakat erstellen oder für eine digitale Pinnwand nutzen: Was ist ungefähr 1 m, 1 cm, 1 mm lang?
➡ Vorherige Bearbeitung Themenheft Addieren und Subtrahieren bis S. 48 und Themenheft Multiplizieren und Dividieren bis S. 24 empfohlen.

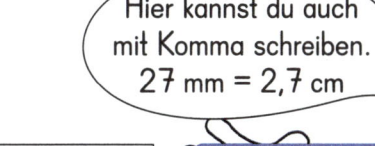

Hier kannst du auch mit Komma schreiben.
27 mm = 2,7 cm

Erinnerst du dich?

1 Meter hat 100 Zentimeter.
1 m = 100 cm

270 cm = 2 m 70 cm = 2,70 m

Das Komma trennt
Meter und Zentimeter.

1 Zentimeter hat 10 Millimeter.
1 cm = 10 mm

27 mm = 2 cm 7 mm = 2,7 cm

**Das Komma trennt
Zentimeter und Millimeter.**

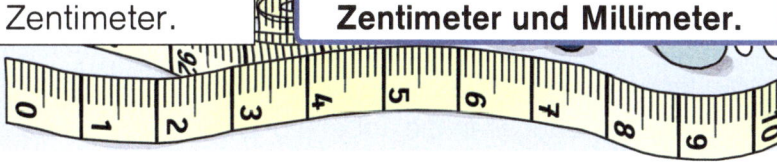

1 Fülle die Tabellen aus.

a)

cm	507 cm	
1 m 73 cm		
m		23,05 m

b)

mm	54 mm	
8 cm 7 mm		
cm		11,6 cm

2 Setze ein: <, > oder =

a) 120 cm ◯ 1 m 2 cm

800 cm ◯ 8 m

1 cm ◯ 0,10 m

b) 150 mm ◯ 15 cm

140 mm ◯ 1,4 cm

500 mm ◯ 55 cm

c) $\frac{1}{4}$ m ◯ 250 cm

$\frac{1}{2}$ m ◯ 500 mm

$\frac{3}{4}$ m ◯ 0,75 m

3 Wandle um.

a) 45 mm = _____ cm

123 mm = _____ cm

5 mm = _____ cm

b) 2,8 cm = _____ mm

0,4 cm = _____ mm

10,3 cm = _____ mm

c) 70 cm = _____ dm

30 cm = _____ dm

510 cm = _____ dm

1 Dezimeter hat 10 Zentimeter.
1 dm = 10 cm

4 Immer drei Karten gehören zusammen. Male sie mit der gleichen Farbe an.

5 dm   0,50 m   5,5 cm   5 $\frac{1}{2}$ cm   50 cm

55 dm   550 cm   5 $\frac{1}{2}$ m   55 mm

5 a) 2,54 m + 6,60 m   b) 0,85 m + 7,68 m   c) 8,73 m − 6,84 m   d) 6,03 m − 4,28 m

2,5 4 m
+

25

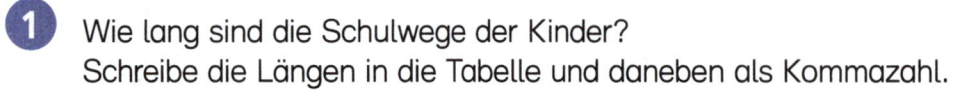

1 Kilometer hat 1 000 Meter.

1 km = 1 000 m

2 750 m = 2 km 750 m = 2,750 km

Das Komma trennt Kilometer und Meter.

Zwei Kilometer und siebenhundertfünfzig Meter

Zwei Komma sieben fünf null Kilometer

1 Wie lang sind die Schulwege der Kinder?
Schreibe die Längen in die Tabelle und daneben als Kommazahl.

a)

	1 km	100 m	10 m	1 m	
Emil	0	4	9	1	0,491 km
Florent					_____
Meryem					_____
Karl					_____
Lilli					_____

491 m — Emil
1 km 26 m — Florent
1 400 m — Meryem
3 km 165 m — Karl
1 km 80 m — Lilli
Schule, Ringstraße, Talstraße

b) _____ hat den längsten Schulweg.

Meryems Schulweg ist _____ als Lillis Schulweg.

Emils Schulweg ist _____ als Florents Schulweg.

2

a) 1 546 m = _____ km   b) 2 625 m = _____ km   c) 4 107 m = _____ km

4 863 m = _____ km   625 m = _____ km   68 m = _____ km

7 100 m = _____ km   25 m = _____ km   979 m = _____ km

d) _____ m = 2 km   e) _____ m = 0,800 km   f) _____ m = 7,308 km

_____ m = 7 km   _____ m = 6,941 km   _____ m = 0,720 km

_____ m = 10 km   _____ m = 4,038 km   _____ m = 8,307 km

3 Immer zwei Karten gehören zusammen. Male sie mit der gleichen Farbe an.

8 125 m	812 m	8 050 m	8,025 km

0,812 km	8 km 25 m	8,125 km	8 km 50 m

4 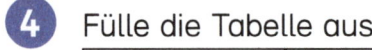 Fülle die Tabelle aus.

2 134 m	4 365 m			250 m	
2 km 134 m		7 km 980 m			
2,134 km			3,150 km		6,600 km

▶ Erklärvideo: Längen – Kilometer und Meter – Kommaschreibweise

Längen – Kilometer und Meter

$\frac{1}{4}$ km = 250 m = 0,250 km

$\frac{1}{2}$ km = 500 m = 0,500 km

$\frac{3}{4}$ km = 750 m = 0,750 km

$\frac{3}{4}$ km bedeutet drei Viertel von 1 km, das Dreifache von $\frac{1}{4}$ km.

Bei Kilometerangaben wird oft verkürzt geschrieben, zum Beispiel 0,5 km statt 0,500 km.

1 Welche Einheit passt? Meter oder Kilometer?

Eine Wanderin schafft in der Stunde 5 _____ .

Ein Blauwal kann bis zu 35 _____ lang werden.

Ein Löffel ist etwa 0,20 _____ lang.

Kinas Schulweg ist 1,3 _____ lang.

Die letzten 400 _____ geht sie zusammen mit einem Freund.

Jamie ist 1,50 _____ groß.

Ein Handballtor ist 3 _____ breit.

Von Hamburg nach München sind es ungefähr 800 _____ .

2 a) 1 $\frac{1}{2}$ km = _____ m

9 $\frac{1}{4}$ km = _____ m

b) 2 $\frac{1}{4}$ km = _____ m

12 $\frac{1}{2}$ km = _____ m

c) 5 $\frac{3}{4}$ km = _____ m

8 $\frac{1}{4}$ km = _____ m

3 Kleiner, größer oder gleich? Setze ein: <, > oder =

a) 2 $\frac{1}{2}$ km ◯ 2 250 m

1 $\frac{1}{4}$ km ◯ 1 250 m

5 $\frac{3}{4}$ km ◯ 5 755 m

b) 4 $\frac{3}{4}$ km ◯ 4 750 m

10 $\frac{1}{2}$ km ◯ 10 050 m

15 $\frac{1}{4}$ km ◯ 15 750 m

c) 1 $\frac{1}{2}$ km ◯ 1 $\frac{3}{4}$ km

$\frac{3}{4}$ km ◯ 500 m

3 $\frac{1}{4}$ km ◯ 3 $\frac{1}{2}$ km

4

6 370 m	4 100 m				
6 km 370 m		12 km 250 m	3 km 40 m		
6,37 km				6,9 km	11,03 km

1

1,1   km = 1100 m
1,01   km = 1010 m
1,001 km = 1001 m

Wie viel Meter sind es? Wandle um.

a) 3,6 km = _____ m   b) 2,55 km = _____ m

    1,7 km = _____ m   3,67 km = _____ m

    5,2 km = _____ m   1,05 km = _____ m

c) 4,08 km = _____ m   d) 0,25 km = _____ m

   0,35 km = _____ m   0,75 km = _____ m

   8,02 km = _____ m   1,75 km = _____ m

---

2 Kleiner, größer oder gleich? Setze ein: <, > oder =

a) 4,379 km 〇 4379 m   b) 6,01 km 〇 6001 m   c) 13,41 km 〇 1314 m

   3,27 km 〇 3027 m   0,505 km 〇 550 m   24,5   km 〇 24500 m

   7,809 km 〇 7890 m   9,060 km 〇 9006 m   10,078 km 〇 10708 m

---

3 Ordne. Beginne mit der größten Länge.

a) | 800 m | 0,80 m | 8 m | 800 km | 8 km | 0,08 km |

800 km > 8 km > _____

b) | 25 m | 25 km | 0,25 km | $\frac{3}{4}$ km | 2500 m | 2,50 m |

_____

c) | 0,6 km | 606 m | 6 km | 0,06 m | 6006 m | 60 km |

_____

---

4 Welche größte und welche kleinste Länge könnt ihr aus den Karten legen? Begründet.

a) [2] [7] [3] [,] [km]   b) [1] [6] [4] [5] [,] [km]

   größte Länge: _____   größte Länge: _____

   kleinste Länge: _____   kleinste Länge: _____

---

5 Eine Laufbahnrunde in einem Stadion ist 400 m lang.
Wie viele Runden musst du laufen für …

a) 2000 m?   _____ Runden   b) 200 m?   _____

    10000 m?   _____ Runden   100 m?   _____

    20 km?   _____ Runden   1 km?   _____

c) Bei einem Marathonlauf müssen ungefähr 42 km gelaufen werden.
Wie viele Runden wären das im Stadion?

Das wären _____ Runden.

Datum: _____

1 a) Wie kommt Mia auf 8 Kilometer?
   Was hätte Mia nach 3 Stunden Wandern wohl gesagt?

b) Wie viele Minuten plant Mia für einen Kilometer Wanderstrecke ein?

2 Familie Lammertz und Familie Detering sind mit den Fahrrädern auf dem
Elbradwanderweg zwischen Lauenburg und Hitzacker unterwegs.

a) Line will die 60 km von Lauenburg nach Hitzacker mit dem Fahrrad
   in 4 Stunden schaffen.
   Wie viel Kilometer muss sie dann in einer Stunde zurücklegen?

b) Wie viele Minuten braucht Line dann für einen Kilometer?

c) Herr Lammertz erzählt, er sei die 60 km von Lauenburg nach Hitzacker
   schon mal auf Inlineskates in 5 Stunden gefahren.
   Wie viel Kilometer hat er dabei in einer Stunde zurückgelegt?

d) Wie viele Minuten hat er für einen Kilometer gebraucht?

FERMI-AUFGABE

Wie viel Zeit braucht man ungefähr,
wenn man Deutschland von Norden nach Süden
zu Fuß durchqueren möchte?

4 Wenn im Auto der Tachometer „60" anzeigt,
dann legt das Auto in einer Stunde 60 Kilometer zurück.
Es fährt mit der Geschwindigkeit von 60 km pro Stunde.

„Kilometer pro Stunde" kurz km/h.

a) Wie weit fährt das Auto bei dieser Geschwindigkeit in $2\frac{1}{2}$ Stunden?

b) Wie viele Minuten braucht es für einen Kilometer?

c) Wie weit fährt ein doppelt so schnelles Auto in $2\frac{1}{2}$ Stunden?
   Wie lange braucht das Auto dann für einen Kilometer?

5 Wie viel Meter legt ein Auto in einer Sekunde zurück, wenn es
mit einer Geschwindigkeit von 72 km pro Stunde fährt?

3 Fermi-Aufgaben sind offene Fragestellungen, bei denen es um die Herangehensweise an
das Problem, das Treffen von Annahmen und das Finden einer Näherungslösung geht.

1 Familie Nowak zieht in eine neue, größere Wohnung.

a) Mit dem Auto fährt man zur neuen Wohnung 6,8 km. Der Fahrradweg ist 4,3 km lang.
Wie viel Kilometer ist die Autostrecke länger als die Fahrradstrecke?

b) Manche Gegenstände wollen die Nowaks selbst im Auto in die neue Wohnung bringen.
Sechs Fahrten hin und sechs Fahrten zurück sind notwendig.
Wie viel Kilometer sind das?

2 Bisher sind Helena und Moritz von zu Hause bis zur Schule
3,4 km mit dem Fahrrad gefahren.
Der Weg von der neuen Wohnung zur Schule ist 800 m kürzer.

a) Wie lang ist der neue Schulweg?

b) Wie viel Kilometer sind es zwischen neuer Wohnung und Schule,
hin und zurück, an fünf Schultagen in der Woche?

Wandle erst in eine Einheit um und rechne dann.

3 Frau Nowak fährt täglich zur Arbeit und wieder zurück.
Von der neuen Wohnung aus sind das an fünf Tagen insgesamt 170 km.

a) Wie viel Kilometer sind das täglich?

b) Wie viel Kilometer sind es zwischen Arbeitsstelle und Wohnung?

4 Der Kleiderschrank im Elternschlafzimmer ist 1,85 m hoch, das Zimmer ist 2,49 m hoch.
Wie viel Platz bleibt zwischen Schrank und Decke?

5 In der alten Wohnung war die Arbeitsplatte in der Küche 91,5 cm hoch.
Familie Nowak hätte die Arbeitsplatte in der neuen Wohnung lieber 25 mm niedriger.
Wie viel Zentimeter ist die neue Arbeitsplatte hoch?

S4

Datum:_____

> 1 Kilogramm hat 1000 Gramm.
> 1 kg = 1000 g

H	L	S
O	C	D
I	F	G

20 g
100 g
1 kg
5 kg
25 kg
250 kg
500 kg
2000 kg
5000 kg

1 Ordne jedem Tier das richtige Gewicht zu. Schreibe die Buchstaben in die Kästchen.

So ergibt sich ein Lösungswort: _____

2 Vergleiche die Gewichte der Tiere und vervollständige die Sätze.

a) Ein Maulwurf wiegt so viel wie _____ Mäuse.

b) Eine Kuh wiegt so viel wie _____ Löwen oder so viel wie _____ Schäferhunde.

3 Überlege dir eigene Vergleiche wie in Aufgabe 2 und schreibe sie in dein Heft.

4 Hat Flo recht? Begründet.

> 1 kg Sand
> ist schwerer als
> 1 kg Heu oder 1 kg Federn.

 Federn

 Sand

 Heu

☞ Vorherige Bearbeitung Themenheft Addieren und Subtrahieren bis S. 55 und
Themenheft Multiplizieren und Dividieren bis S. 45 empfohlen.

31

Gewicht – Kilogramm und Gramm

1 Immer zwei Karten gehören zusammen.
Ordne jedem Kunden die richtigen Gewichtskarten zu und male sie passend an.

ein viertel Kilogramm Fleischwurst

ein halbes Kilogramm Gehacktes

ein Kilogramm Kassler

drei viertel Kilogramm Gulasch

Herr Mai Frau Gül Herr Diaz Frau Fink

1 kg = 1000 g

$\frac{1}{4}$ kg	500 g
$\frac{1}{2}$ kg	250 g
$\frac{3}{4}$ kg	1000 g
1 kg	750 g

2
a) 2 kg = _____ g
4 kg = _____ g
10 kg = _____ g

b) 2 kg 300 g = _____ g
7 kg 700 g = _____ g
4 kg 415 g = _____ g

c) 5 kg 30 g = _____ g
4 kg 50 g = _____ g
10 kg 1 g = _____ g

3
a) 7 250 g = ___ kg _____ g
2 500 g = ___ kg _____ g
3 456 g = ___ kg _____ g

b) 1 987 g = ___ kg _____ g
7 060 g = ___ kg _____ g
3 002 g = ___ kg _____ g

c) $1\frac{1}{2}$ kg = ___ kg _____ g
$3\frac{1}{2}$ kg = ___ kg _____ g
$6\frac{1}{4}$ kg = ___ kg _____ g

4 Wie viel wiegt ein Blumenkohl, eine Paprika, eine Gurke oder eine Tomate?

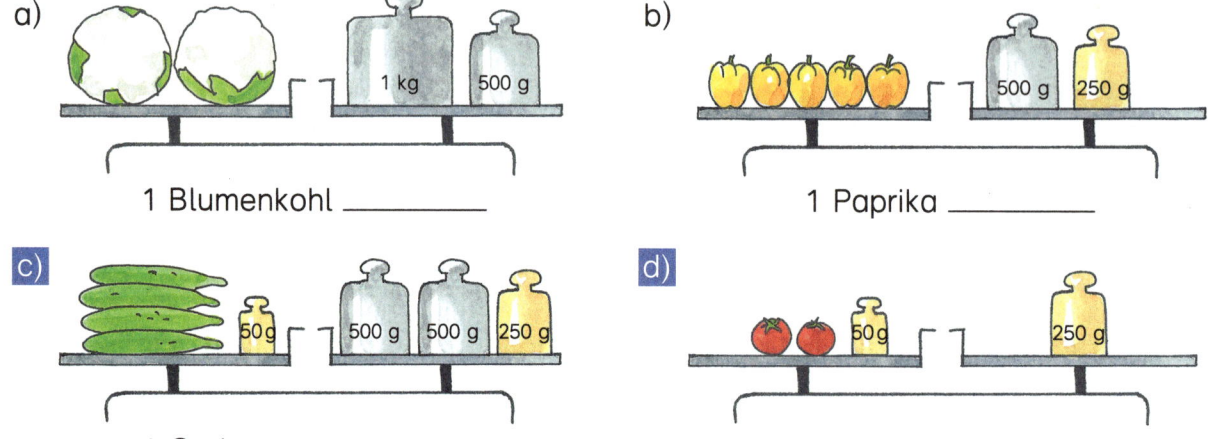

a) 1 kg 500 g
1 Blumenkohl _____

b) 500 g 250 g
1 Paprika _____

c) 50g 500 g 500 g 250 g
1 Gurke _____

d) 50g 250 g
1 Tomate _____

5 Wie viel wiegt eine Paprika, wie viel wiegt eine Tomate?

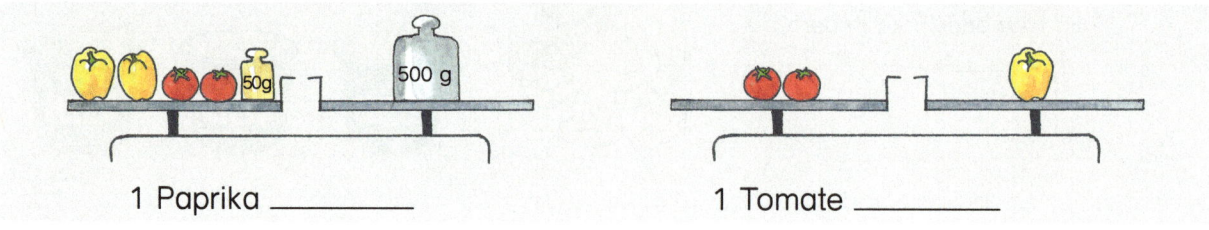

50g 500 g
1 Paprika _____

1 Tomate _____

17 A–C

💬 Gewicht – Kilogramm und Gramm

Datum: _____

2 139 g = 2 kg 139 g = 2,139 kg

Das Komma trennt Kilogramm und Gramm.

2 700 g = 2 kg 700 g = 2,700 kg

Zwei Kilogramm und 139 Gramm

verkürzte Schreibweise

Zwei Komma eins drei neun Kilogramm

1 a) Wie schwer sind die Schultaschen der Kinder?
Schreibe die Gewichte in die Tabelle und daneben als Kommazahl.

	1 kg	100 g	10 g	1 g	
Luna	3	7	6	5	3,765 kg
Kaan					_____
Mia					_____
Finn					_____
Alma					_____

Luna 3 765 g

Kaan 3 894 g

Finn 4 kg 29 g

Alma 3 kg 493 g

Mia 4,103 kg

b) Mias Schultasche ist _____ als Finns Schultasche.

Kaans Schultasche ist leichter als die Schultaschen von _____ und _____.

Almas Schultasche ist _____.

2 a) 4 762 g = _____ kg b) 948 g = _____ kg c) 420 g = _____ kg

   8 455 g = _____ kg   68 g = _____ kg   10 800 g = _____ kg

   2 067 g = _____ kg   6 400 g = _____ kg   10 g = _____ kg

3 a) 3,256 kg = _____ g b) 0,085 kg = _____ g c) 1,02 kg = _____ g

   4,867 kg = _____ g   0,005 kg = _____ g   7,4 kg = _____ g

   0,653 kg = _____ g   8,25 kg = _____ g   10,5 kg = _____ g

4 Fülle die Tabelle aus.

2358 g	45 300 g		202 g		
2 kg 358 g		16 kg 75 g		0 kg 9 g	
2,358 kg					0,4 kg

▶️ **Erklärvideo:** Gewicht – Kilogramm und Gramm – Kommaschreibweise

Gewicht – Kilogramm und Gramm

Datum: _____

1 Male gleiche Gewichtsangaben mit der gleichen Farbe an.

4 g	4,005 kg	750 g	$2\frac{1}{2}$ kg	4 kg 5 g
	3500 g		0,004 kg	
2,5 kg	250 g	$\frac{3}{4}$ kg	3 kg 500 g	0,250 kg

2 Ordne der Größe nach.

a)

350 g	$\frac{1}{4}$ kg	2 kg 600 g	$2\frac{1}{2}$ kg	2005 g	2,050 kg

_____ < _____ < _____ < _____ < _____

b)

600 g	5 g	5,003 kg	$\frac{1}{2}$ kg	40 g	0,4 kg

_____ < _____ < _____ < _____ < _____

3 Wie viel wiegen die Einkäufe? Schreibe das Ergebnis in Kilogramm auf.

a)

250 g + 1000 g
_____
= __1250__ g
= __1,25__ kg

b)

_____
= _____ g
= _____ kg

c)

_____
= _____ g
= _____ kg

4 a)

_____
= _____ g
= _____ kg

b)

_____
= _____ g
= _____ kg

c)

_____
= _____ g
= _____ kg

5 Berechne das Gesamtgewicht und trage es in Kilogramm ein.

	Nudeln 500 g	Müsli 750 g	420 g	75 g	1,2 kg	Kartoffeln 1,5 kg
Anzahl	5	2	3	4	3	2
Gewicht	_____ kg	_____ kg	_____ kg	_____ kg	_____ kg	_____ kg

💬 Gewicht – Tonne und Kilogramm

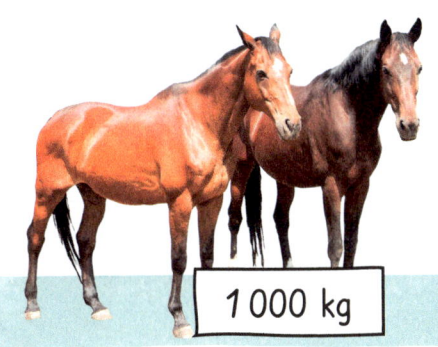

1 Tonne hat 1 000 Kilogramm.

1 t = 1 000 kg

40 kg

4 kg

1 000 kg

1 Zwei Pferde wiegen zusammen eine Tonne.

a) Wie viele Kinder sind so schwer wie die zwei Pferde? _____ Kinder

b) Wie viele Schultaschen sind so schwer wie die zwei Pferde? _____ Schultaschen

2 a) Eine Kiste Wasser (12 Literflaschen) wiegt ungefähr 15 kg.

Wie viele Kisten wiegen zusammen ungefähr eine Tonne? _____ Kisten

b) Findet weitere Beispiele von Dingen, die zusammen ungefähr eine Tonne wiegen.

_____

_____

_____

_____

3 In welcher Einheit werden die Gegenstände gewogen? Kilogramm oder Tonne? Kreuze an.

☐ kg ☐ t   ☐ kg ☐ t   ☐ kg ☐ t   ☐ kg ☐ t   ☐ kg ☐ t   ☐ kg ☐ t

4 a) 4 t = _____ kg

10 t = _____ kg

b) 1 t 460 kg = _____ kg

2 t 386 kg = _____ kg

c) $1\frac{1}{2}$ t = _____ kg

$1\frac{1}{4}$ t = _____ kg

5 a) 2 387 kg = ___ t _____ kg

1 215 kg = ___ t _____ kg

b) 5 088 kg = ___ t _____ kg

5 005 kg = ___ t _____ kg

c) $2\frac{1}{2}$ t = ___ t _____ kg

$3\frac{1}{4}$ t = ___ t _____ kg

6 Auf einer Baustelle werden 15 t Zement benötigt.
Der Zement ist in 50-kg-Säcken abgepackt.
Wie viele Säcke Zement müssen transportiert werden?

L.: _____

A.: _____

2b) 🖥 **Recherche:** Gewichte von Gegenständen ermitteln, dann zusammenstellen, welche
Gegenstände zusammen ungefähr eine Tonne wiegen, ggf. ein Merkplakat erstellen
oder für eine digitale Pinnwand nutzen.

8 265 kg = 8 t 265 kg = 8,265 t

Das Komma trennt Tonne und Kilogramm.

3 600 kg = 3 t 600 kg = 3,600 t

Acht Tonnen und 265 Kilogramm

verkürzte Schreibweise

Acht Komma zwei sechs fünf Tonnen

1 Fülle die Tabellen aus.

a)

8 765 kg				78 kg
8 t 765 kg		5 t 608 kg	0 t 605 kg	
8,765 t	1,786 t		3,058 t	

b)

	3 250 kg			250 kg	
			6 t 500 kg		
7,45 t		4,3 t			0,95 t

2 Ordne der Größe nach.

977 kg   0,89 t   2,4 t   2040 kg   1,652 kg   1652 kg   0,9 kg

_____ < _____ < _____ < _____ < _____ < _____ < _____

3 Wie viele Tonnen haben die Lkws geladen?
Löse und schreibe das Ergebnis als Kommazahl.

a)

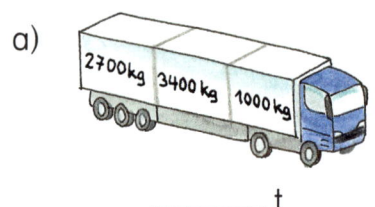

_____ t

b)

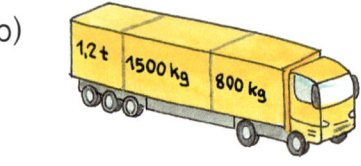

_____ t

c)

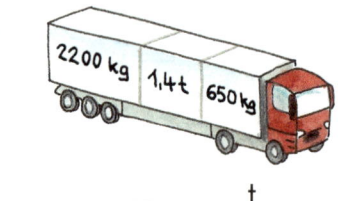

_____ t

Gewicht – Rechnen in Sachsituationen

1 Wie viel wiegen die Einkäufe aus dem Hofladen? Schreibe das Ergebnis in Kilogramm auf.

a)

b)

500 g nennt man auch 1 Pfund.

2 Eine Kiste mit sechs Flaschen Apfelsaft wiegt 10,250 kg. Die leere Kiste wiegt 1,040 kg.

a) Wie viel Kilogramm wiegen nur die sechs Flaschen, ohne die Kiste?

b) Wie schwer ist eine einzelne Flasche Saft?

c) Jana holt drei Flaschen Saft aus dem Keller. Wie viel Kilogramm trägt sie?

3 a) Im Baumarkt kauft Herr Grün 12 Rasengittersteine.
   Wie viel Kilogramm wiegen sie zusammen?

b) Zusätzlich kauft Herr Grün 14 Bodenplatten.
   Wie viel Kilogramm wiegen diese zusammen?

c) Herr Grün darf in sein Auto höchstens 663 kg laden.
   Herr Grün selbst wiegt 85 kg.
   Darf er seinen Einkauf im Auto nach Hause fahren?

Rasengitterstein
Gewicht: 27 kg

Bodenplatte
Gewicht: 18 kg

4 Setze passend ein: | 1,7 | 4 | g | kg | t |

Jannis ist zehn Jahre alt und wiegt 31 _____. Minka ist seine Katze.

Sie wiegt _____ kg. Jannis Schwester Jana hat zwei Meerschweinchen.

Das Weibchen wiegt 800 _____. Zusammen wiegen die Meerschweinchen _____ kg.

Jannis sagt: „Das ist aber leicht. Zwei Kühe wiegen zusammen ungefähr 1 _____."

5 Dieses Jahr hat Frau Grün 278,70 dt Mais geerntet.
Herr Blum sagt: „Ich habe mehr Mais geerntet.
Es sind 28 770 kg."
Hat Herr Blum recht?

1 Dezitonne (dt) hat 100 kg.

S5

37

💬 Rauminhalt – Liter und Milliliter

Datum:_____

1 Liter hat 1000 Milliliter.	1 Dreiviertelliter hat 750 Milliliter.	1 halber Liter hat 500 Milliliter.	1 Viertelliter hat 250 Milliliter.	1 Achtelliter hat 125 Milliliter.
$1\ l = 1000$ ml	$\frac{3}{4}\ l = 750$ ml	$\frac{1}{2}\ l = 500$ ml	$\frac{1}{4}\ l = 250$ ml	$\frac{1}{8}\ l = 125$ ml

1 Wie viel Liter oder Milliliter sind es? Tragt den passenden Buchstaben ein.

👫 A   B   C   D   E

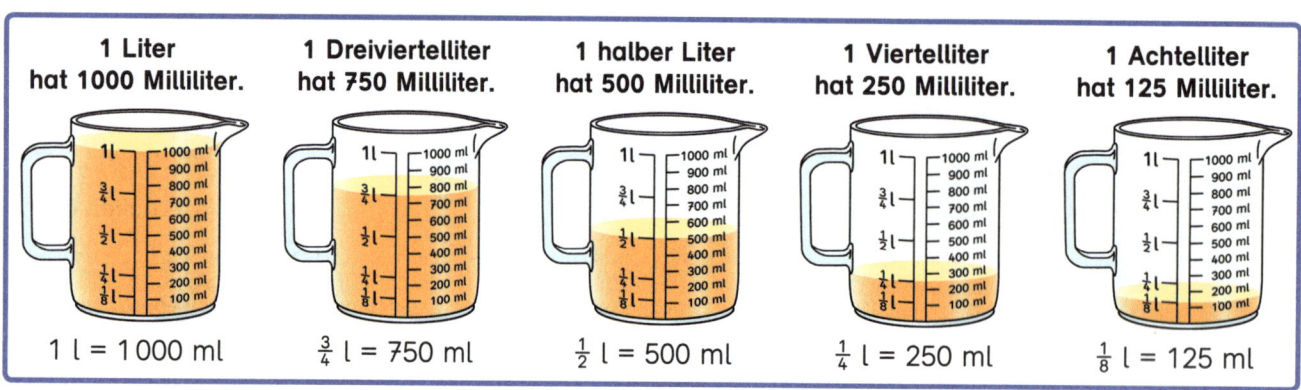

C 1 l		10 l		180 l		250 ml		1 ml

2 Schätzt erst und überprüft dann mit einem Messbecher: Wie viel Liter oder Milliliter
👫 passen in eure Teekanne, euer Trinkglas, euren Becher, eure Gießkanne, … ?

3 In einen Becher passt $\frac{1}{4}$ l. Wie viele Becher können mit den Säften gefüllt werden?

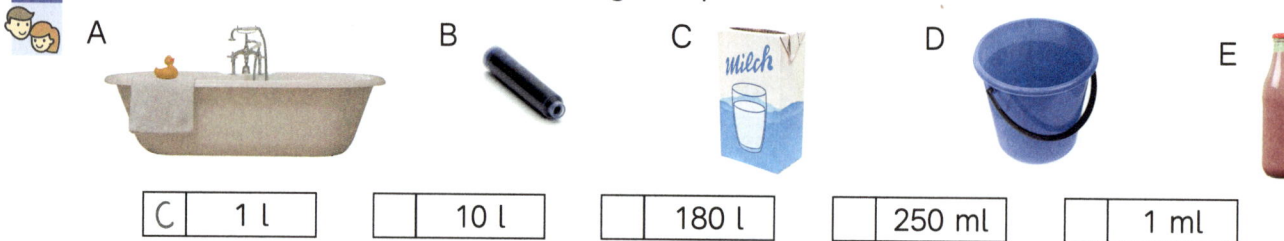

a) Banane - Kirsch   b) Karotte - Orange   c) Traube   d) Ananas - Kiwi

____ Becher   ____ Becher   ____ Becher   ____ Becher

4 a) 2 l   = _2 000_ ml   b) 3 l 400 ml = _____ ml   c) $1\frac{1}{4}$ l = _____ ml

   1 l 150 ml = _____ ml   1 l 55 ml = _____ ml $\frac{3}{4}$ l = _____ ml

5 a) 2325 ml = ___ l _____ ml   b) 3250 ml = ___ l _____ ml   c) 4075 ml = ___ l _____ ml

   1750 ml = ___ l _____ ml   2005 ml = ___ l _____ ml   2250 ml = ___ l _____ ml

1 📷 **Fotografie**: Repräsentanten fotografieren, präsentieren, ggf. ausdrucken und ein Merkplakat
erstellen oder für eine digitale Pinnwand nutzen: Was entspricht ca. 1 ml, 10 ml, 500 ml, 1 l?
📷 Vorherige Bearbeitung Themenheft Addieren und Subtrahieren bis S. 55 und Themenheft
Multiplizieren und Dividieren bis S. 45 empfohlen.

2365 ml = 2 l 365 ml = 2,365 l

Das Komma trennt Liter und Milliliter.

1300 ml = 1 l 300 ml = 1,300 l

Zwei Liter und 365 Milliliter

verkürzte Schreibweise

Zwei Komma drei sechs fünf Liter

1 a) 1465 ml = __1,465__ l   b) 1750 ml = _____ l   c) 50 ml = _____ l

3535 ml = _____ l   1250 ml = _____ l   10 ml = _____ l

2 a) 2,475 l = _____ ml   b) 2,125 l = _____ ml   c) 2,5 l = _____ ml

1,485 l = _____ ml   3,745 l = _____ ml   0,7 l = _____ ml

3

2 358 ml			2 058 ml		
2 l 358 ml		11 l 400 ml			
2,358 l	0,78 l			10,4 l	4,005 l

4 Ergänze zum nächsten vollen Liter.

a) 0,455 l + _____ l = 1 l   b) 2$\frac{1}{2}$ l + _____ l = 3 l   c) 7$\frac{1}{4}$ l + _____ l = 8 l

2,65 l + _____ l = 3 l   3,8 l + _____ l = 4 l   3,45 l + _____ l = 4 l

5 a) Fülle die Tabelle aus.

Milliliter	_____ ml	300 ml	_____ ml	500 ml	_____ ml	_____ ml	_____ ml	1000 ml
Liter	0,2 l	_____ l	0,33 l	_____ l	$\frac{1}{4}$ l	$\frac{1}{2}$ l	$\frac{3}{4}$ l	_____ l

b) Wie viel Liter Saft befindet sich jeweils insgesamt in den Gefäßen?

_____ ml   _____ ml   _____ ml   _____ ml

= _____ l   = _____ l   = _____ l   = _____ l

Rauminhalt – Liter und Mililiter

1 Leni möchte 1,5 l Limonade nach diesem Rezept herstellen. Sie gießt den Apfelsaft und den Kirschsaft in einen Krug.

Wie viel Milliliter Mineralwasser muss sie noch einfüllen?

L.:

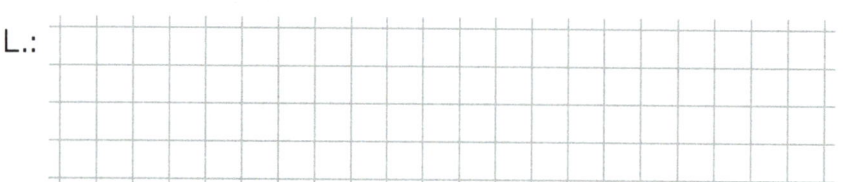

Apfel-Kirsch-Limonade

350 ml Apfelsaft

175 ml Kirschsaft

Mineralwasser zum Auffüllen

A.: _____

2 Am Sonntagmorgen möchte Jakob für sich, seine drei Geschwister und seine Eltern Orangen auspressen. Jedes Familienmitglied soll 0,2 l frisch gepressten Orangensaft bekommen. Aus einer Orange kann Jakob ungefähr 80 ml Saft pressen.

L.:

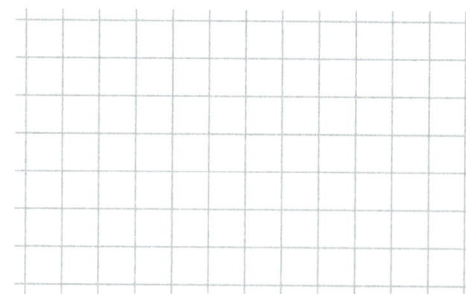

Wie viele Orangen muss Jakob auspressen?

A.: _____

3 Linus trinkt jeden Morgen in der Schule 250 ml Milch.

a) Wie viel Liter Milch sind das in einer Woche mit fünf Schultagen?

A.: _____

_____

L.:

b) Wie viel Liter Milch trinkt Linus in einem Jahr mit 200 Schultagen?

A.: _____

_____

L.:

4 In der Klasse 4b sind 21 Kinder. In der Frühstückspause trinkt jedes Kind täglich ungefähr 250 ml Wasser.

a) Wie viel Liter Wasser sind das in einer Woche mit fünf Schultagen?

b) Wie viel Liter Wasser sind das in einem Monat (20 Schultage)?

c) Wie viel Liter Wasser sind das in einem Jahr mit 200 Schultagen?

5

FERMI-AUFGABE

Wie viel Liter trinkst du in einem Jahr?

5 Fermi-Aufgaben sind offene Fragestellungen, bei denen es um die Herangehensweise an das Problem, das Treffen von Annahmen und das Finden einer Näherungslösung geht.

Beim Schulfest verkaufen die Kinder verschiedene Getränke.
Sie möchten die Getränke „Kinderpunsch", „Sommerkirsch" und „Karibikzauber" anbieten.

1

Rezept: Kinderpunsch

zu gleichen Teilen:
Früchtetee
Apfelsaft
roter Traubensaft

heiß oder kalt servieren

Valentina plant den Verkauf von neun Litern „Kinderpunsch".

a) Wie viel Liter Früchtetee, Apfelsaft und Traubensaft braucht sie?

b) Ein Glas soll einen Viertelliter enthalten. Für wie viele Gläser reichen die neun Liter „Kinderpunsch"?

c) Valentina bekommt im Geschäft nur 0,2-l-Becher. Für wie viele dieser Becher reicht der Punsch?

2

Rezept: Sommerkirsch
für 1 Glas:

80 ml Kirschsaft
40 ml Orangensaft
20 ml Himbeersirup

Zutaten im Shaker
schütteln und in ein
Glas geben

Daria bereitet das Getränk „Sommerkirsch" vor.

a) Ist ein 0,2-l-Becher groß genug für einen „Sommerkirsch"?

b) Wie viel Liter Kirschsaft, Orangensaft und Himbeersirup benötigt Daria für 20 Gläser?

c) Kirschsaft und Orangensaft gibt es in Literflaschen. Himbeersirup gibt es in Flaschen mit 250 ml. Wie viele Flaschen von jedem Saft und wie viele Flaschen Sirup muss Daria für 20 Gläser „Sommerkirsch" kaufen?

3

Rezept: Karibikzauber

für 6 Gläser:

0,4 l Ananassaft
0,4 l Orangensaft
0,1 l Zitronensaft

in einem Krug mischen

Jamal plant den Verkauf von 30 Gläsern „Karibikzauber".

a) Wie viel Milliliter enthält ein Glas „Karibikzauber"?

b) Jamal möchte alle 30 Gläser in einem Krug zubereiten. Wie viel Liter müssen in diesen Krug passen?

c) Orangensaft und Ananassaft gibt es in Literflaschen. Zitronensaft gibt es in Flaschen mit 0,2 l. Wie viele Flaschen braucht Jamal von jedem Saft?

S6

Sachrechnen mit Größen – Große Zahlen

Datum: _____

1 An dem Zahlenstrahl beträgt der Abstand zwischen zwei Nachbarzahlen 1 mm.

a) Wie lang wird der Zahlenstrahl bis zum Punkt für 100 000? Gebt das Ergebnis in Meter an.

b) Wie lang würde der Zahlenstrahl werden, wenn auch der Punkt für 1 000 000 markiert werden soll?

2 Kann das stimmen, was die Kinder sagen, oder flunkern einige? Begründet.

Mein Koffer wiegt 5 000 g und ich kann ihn allein tragen.

Kleinigkeit! Ich kann sogar 200 000 g tragen.

Mein großer Bruder kann sogar 1 000 000 g tragen.

3 Frau Rose hat 100 000 € im Lotto gewonnen.

a) Sie möchte einmal sehen, wie viel Geld das ist und lässt es sich in 200-€-Scheinen ausbezahlen. Wie viele Scheine sind es?

b) Stellt euch vor, Frau Rose hätte ihren Gewinn in 1-€-Münzen bekommen. Zehn Münzen wiegen zusammen 75 g. Wie viel Kilogramm würde der gesamte Gewinn wiegen?

4 Die Badeaufsicht erklärt: „In unser Schwimmbecken passt der Inhalt von 5 000 Badewannen. In eine Badewanne passt der Inhalt von vierzig 5-Liter-Eimern." Wie viel Liter passen in das Schwimmbecken?

5

FERMI-AUFGABE

Wie viele Schulstunden hast du während deiner Grundschulzeit insgesamt?

Pro Woche ...

Ein Jahr hat ungefähr 40 Schulwochen.

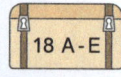

42

5 Fermi-Aufgaben sind offene Fragestellungen, bei denen es um die Herangehensweise an das Problem, das Treffen von Annahmen und das Finden einer Näherungslösung geht.
☞ Vorherige Bearbeitung Themenheft Addieren und Subtrahieren bis S. 55 und Themenheft Multiplizieren und Dividieren bis S. 45 empfohlen.

Datum: _____

Landeshauptstadt	Einwohnerzahl	gerundet auf ZT
Berlin	3 664 088	≈ 3 660 000
Hamburg	1 852 478	
München	1 488 202	
Stuttgart	630 305	
Düsseldorf	620 523	
Bremen	566 573	
Dresden	556 227	
Hannover	534 049	
Wiesbaden	278 609	
Kiel	246 601	
Magdeburg	235 775	
Mainz	217 123	
Erfurt	213 692	
Potsdam	182 112	
Saarbrücken	179 349	
Schwerin	95 609	

Erinnerst du dich?

Bei 0, 1, 2, 3, 4 wird abgerundet.
Bei 5, 6, 7, 8, 9 wird aufgerundet.
≈ bedeutet „ist ungefähr".

Einwohnerzahl von Erfurt gerundet auf Zehntausender:

213 692 ≈ 210 000

An der Tausenderstelle steht eine 3, also wird abgerundet.

1 Runde die Einwohnerzahlen auf Zehntausender und trage die gerundeten Zahlen in die Tabelle ein.

2 a) Was stimmt? Kreuzt an.

☐ In Saarbrücken und Potsdam leben ungefähr gleich viele Menschen.

☐ In Berlin leben mehr Menschen als in Hamburg, München und Hannover zusammen.

☐ Düsseldorf hat ungefähr 3-mal so viele Einwohner wie Wiesbaden.

b) Schreibe eigene Aussagen. Dein Partnerkind prüft, ob sie stimmen.

3 Zeichne die Einwohnerzahlen dieser Städte in das Säulendiagramm ein:

Dresden (DD), Schwerin (SN), Mainz (MZ), Wiesbaden (WI), Düsseldorf (D).

Runde die Einwohnerzahlen auf Hunderttausender.

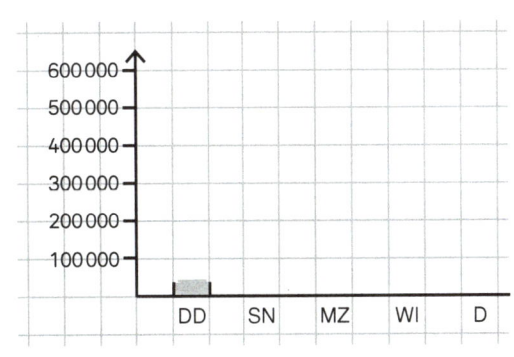

3 📱 **Recherche/App-Anwendung**: Die Einwohnerzahl von sechs weiteren Städten recherchieren und sinnvoll runden. Gerundete Werte mit geeigneter App in einem Diagramm digital darstellen.
👉 Vorherige Bearbeitung Themenheft Addieren und Subtrahieren bis S. 55 und Themenheft Mulliplizieren und Dividieren bis S. 45 empfohlen.

Sachrechnen – Runden

1 Runde die Einwohnerzahlen dieser europäischen Hauptstädte auf Zehntausender.

Paris	London	Kopenhagen	Athen
	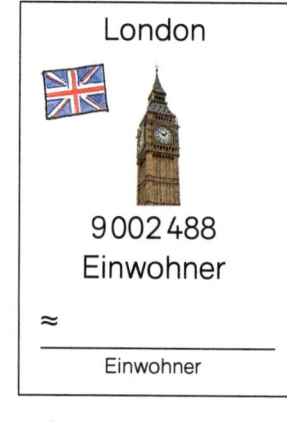		
2 142 903 Einwohner	9 002 488 Einwohner	638 117 Einwohner	664 046 Einwohner
≈ _____ Einwohner	≈ _____ Einwohner	≈ _____ Einwohner	≈ _____ Einwohner

2 Runde die Einwohnerzahlen dieser europäischen Länder.

Land	Einwohnerzahl	gerundet auf HT	gerundet auf M
Deutschland	83 237 124	83 200 000	83 000 000
Polen	37 654 247		
Italien	58 983 122		
Spanien	47 432 005		
Litauen	2 805 998		
Schweiz	8 763 510		
Österreich	8 978 929		

3 Zeichne die Höhe dieser europäischen Berge in das Diagramm ein.
Runde die Höhenangaben dazu sinnvoll und ordne nach der Größe.

Pico del Veleta (P.) 3 397 m ≈ _____	Mont Blanc (M.) 4 807 m ≈ _____	Großglockner (G.) 3 798 m ≈ _____	Zugspitze (Z.) 2 962 m ≈ 3 000 m	Dom (D.) 4 545 m ≈ _____

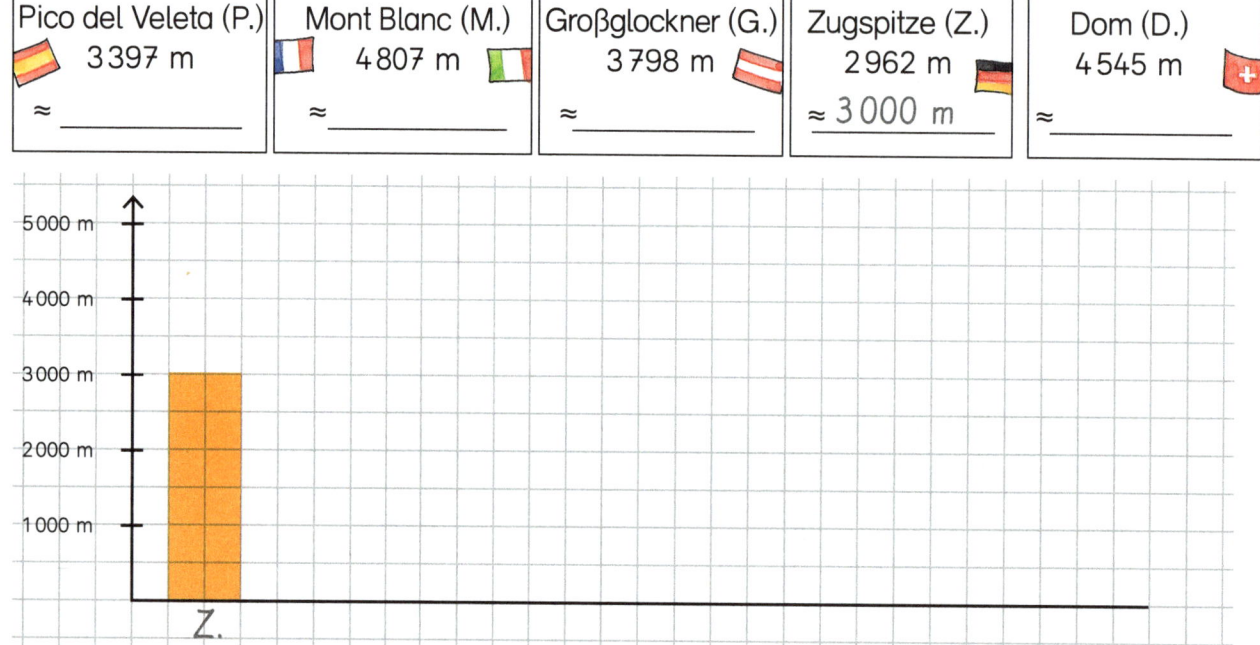

 ## Sachrechnen – Daten

1 Die Klasse 4a hat in ihrer Klasse eine Umfrage zu den Lieblingseissorten der Kinder durchgeführt. Die Kinder haben das Ergebnis unterschiedlich dargestellt. Welche Darstellung findet ihr am übersichtlichsten? Begründet.

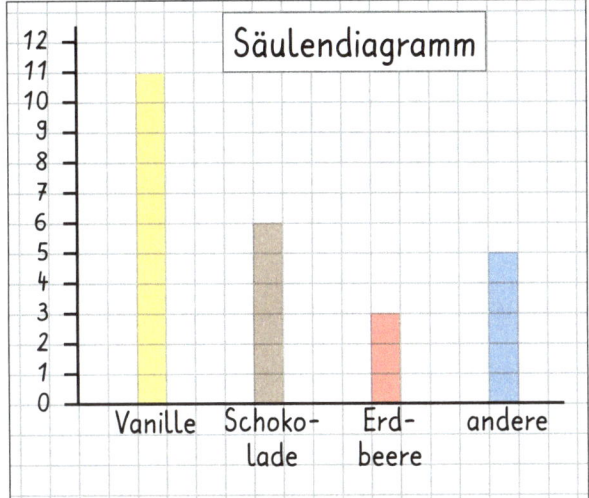

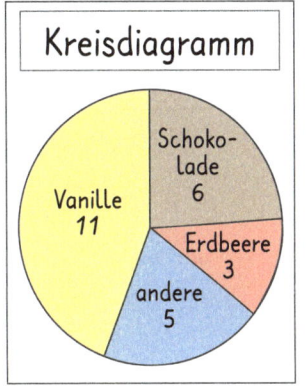

Das ist ein **Kreisdiagramm**.

Tabelle

Vanille	11
Schokolade	6
Erdbeere	3
andere	5

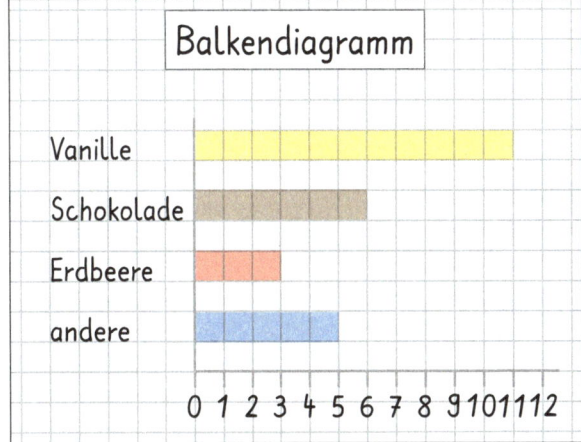

2 Fragt in eurer Klasse nach den Lieblingseissorten und präsentiert eure Ergebnisse in einem Balkendiagramm oder in einem Säulendiagramm.

3 Die Klasse 4b hat in einem Säulendiagramm dargestellt, wie viele Kinder ihrer Klasse in welchem Monat Geburtstag haben.

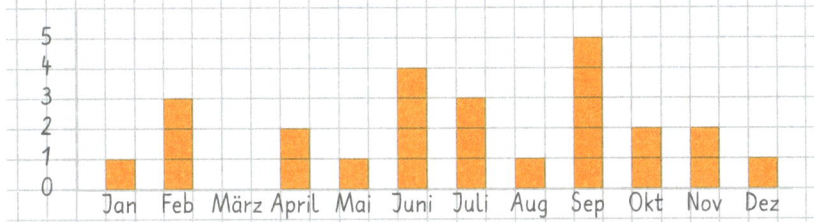

a) In welchem Monat haben die meisten Kinder Geburtstag? _____

b) In welchem Monat haben die wenigsten Kinder Geburtstag? _____

c) Wie viele Kinder sind in der Klasse 4b? _____

4 Stellt in einem Balkendiagramm oder in einem Säulendiagramm dar, wie viele Kinder eurer Klasse in welchem Monat Geburtstag haben.

 2, 4 App-Anwendung/Tabellenkalkulation: Diagramm der ermittelten Daten mit geeigneter App digital darstellen oder ermittelte Daten in ein Tabellenkalkulationsprogramm eingeben und ein Diagramm erstellen (Vorlage in der BiBox für Lehrer/-innen).

 45

Datum:_____

1 20000 Kinder wurden gefragt, welches Obst sie am liebsten essen. Hier ist das Ergebnis.
Runde die Zahlen auf Hunderter und zeichne ein Säulendiagramm. Ordne nach der Größe.

	Birne	Mandarine	Kiwi	Banane	Apfel	Erdbeere	Trauben	anderes
Anzahl Kinder	1966	2102	1031	2395	5203	2614	3578	1111
gerundet	≈							

5000

4000

3000

2000

1000

___ ___ ___ ___ ___ ___ ___ ___

2 So viele Süßigkeiten wurden von jedem Einwohner Deutschlands im Jahr 2017 ungefähr gegessen.

a) Wie viele Süßigkeiten wurden jeweils gegessen? Trage ein.

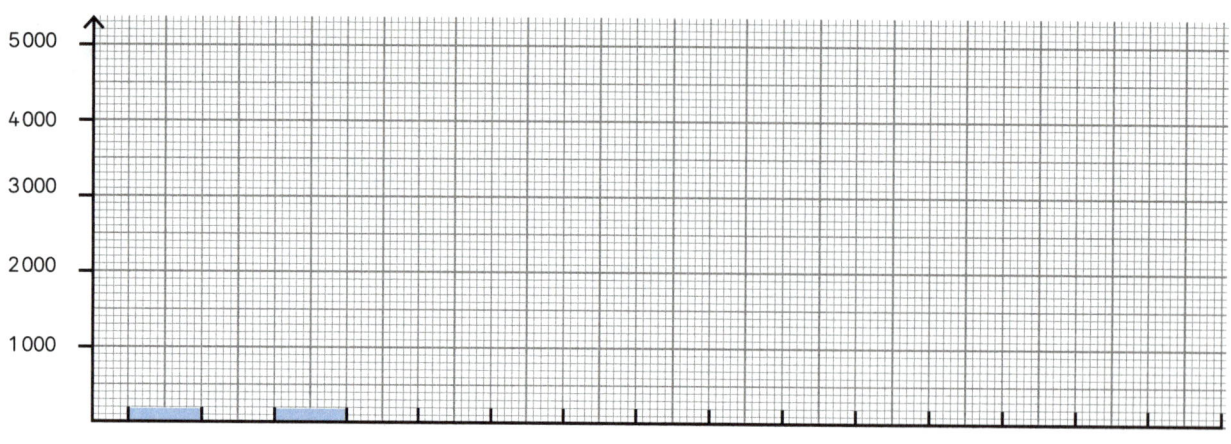

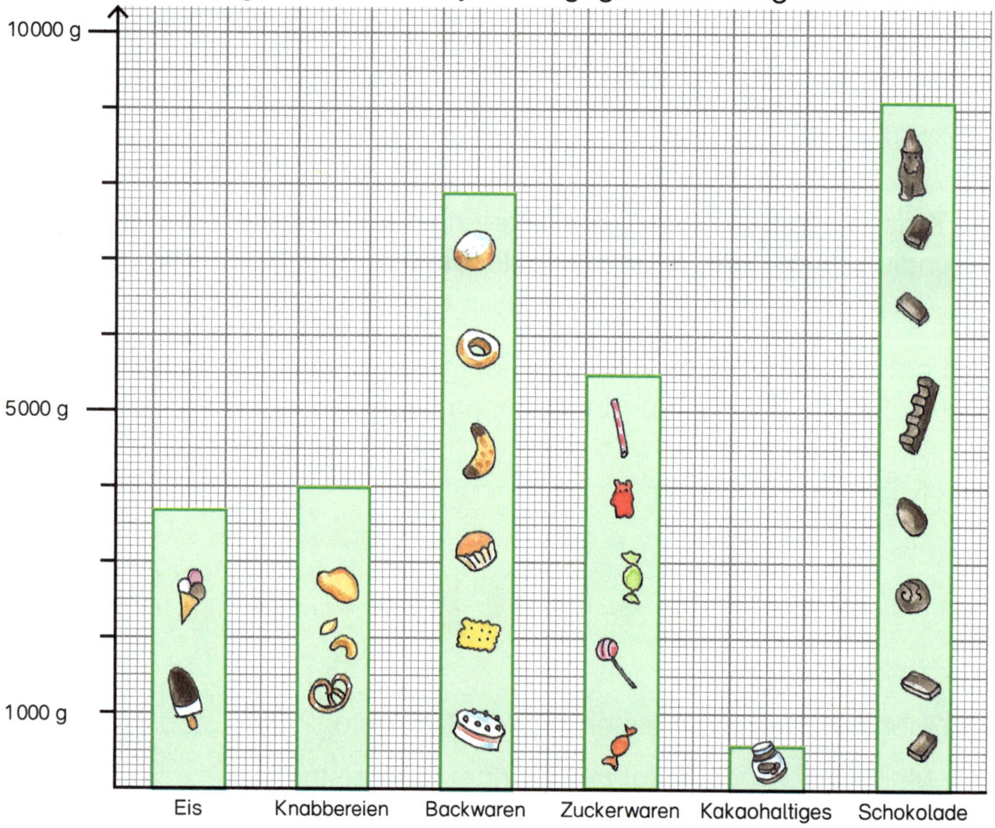

10000 g

5000 g

1000 g

Eis   Knabbereien   Backwaren   Zuckerwaren   Kakaohaltiges   Schokolade

Eis
_____ g
= _____ kg

Knabbereien
_____ g
= _____ kg

Backwaren
_____ g
= _____ kg

Zuckerwaren
_____ g
= _____ kg

Kakaohaltiges
_____ g
= _____ kg

Schokolade
_____ g
= _____ kg

b) Wie viel Kilogramm Süßigkeiten wurden insgesamt von jedem ungefähr gegessen?

A.: _____

Sachrechnen – Daten

1 Das Kreisdiagramm zeigt, wie viel Wasser eine Person in Deutschland durchschnittlich pro Tag verbraucht.

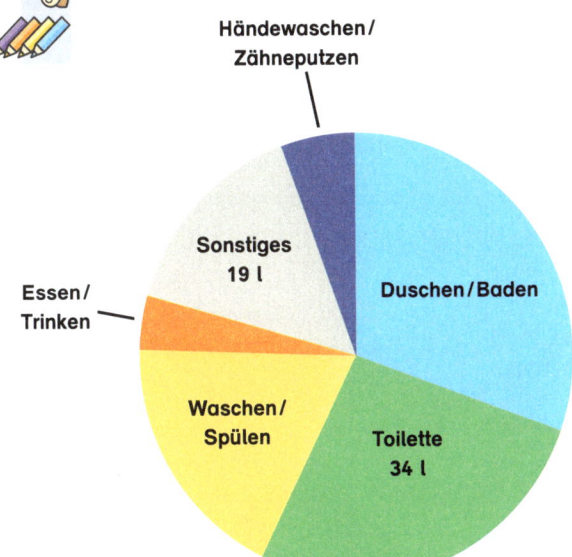

a) Beschreibt das Kreisdiagramm.

b) Für welche Tätigkeit wird so viel Wasser verbraucht? Malt mit der passenden Farbe an.

| 5 l | 7 l | 23 l | 39 l |

c) Für welche Tätigkeit wird das meiste Wasser und für welche das wenigste Wasser verbraucht?

Das meiste Wasser _____

_____ .

d) Wie viel Liter Wasser sind es insgesamt pro Tag?

Insgesamt sind es _____ pro Tag.

e) Wie viel Liter Wasser sind es insgesamt pro Woche?

Insgesamt sind es _____ pro Woche.

2 Eine vierköpfige Familie in Deutschland verbraucht durchschnittlich etwa 500 Liter pro Tag. Familie Wilson verbraucht zu viert durchschnittlich folgende Wassermengen täglich.

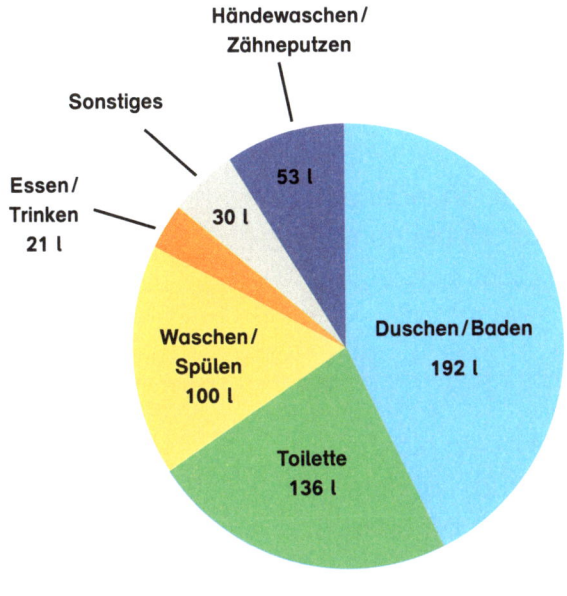

a) Wie viel Wasser verbraucht Familie Wilson insgesamt pro Tag?

Insgesamt verbraucht _____

_____ .

b) Familie Wilson möchte weniger Wasser verbrauchen und rechnet aus, wie viel Wasser sie sparen kann.

Wie viel Liter Wasser spart Familie Wilson so ungefähr pro Tag?

Pro Tag _____ .

> Wenn wir alle nur noch duschen und keiner mehr badet, sparen wir ungefähr 38 l täglich.

> Wenn wir alle einen Zahnputzbecher benutzen und kein Wasser mehr laufen lassen, sparen wir pro Tag etwa 48 l.

> Beim Händewaschen immer das Wasser auszustellen, spart ungefähr 8 l täglich.

c) Liegen sie damit unter dem durchschnittlichen Wasserverbrauch einer Familie pro Tag?

_____

S8

2 **Recherche:** Weitere Wasserspartipps recherchieren, ein Plakat gestalten oder für eine digitale Pinnwand nutzen.

47

Sachrechnen – Zufall und Wahrscheinlichkeit Datum:_____

1 Welche Aussagen stimmen? Kreuze an.

☐ Es ist möglich, einen Hauptgewinn zu drehen.

☐ Es ist sicher, einen Hauptgewinn zu drehen.

☐ Die Wahrscheinlichkeit zu verlieren ist genauso hoch wie die Wahrscheinlichkeit, einen Gewinn zu drehen.

☐ Es ist wahrscheinlicher, einen Bonbon zu gewinnen als einen Ball.

☐ Es ist unwahrscheinlicher, einen Gewinn zu drehen als zu verlieren.

2 Schreibt drei richtige Aussagen zu dem Glücksrad auf.
Benutzt folgende Begriffe:

| sicher | möglich | unmöglich |

| wahrscheinlicher | unwahrscheinlicher |

_____

_____

_____

_____

3 Bei diesem Glücksrad ist es wahrscheinlich, dass Blau gewinnt, und unwahrscheinlich, dass Rot gewinnt.

a) Zeichnet ein eigenes Glücksrad, bei dem es wahrscheinlich ist, dass Rot gewinnt.

b) Zeichnet ein eigenes Glücksrad, bei dem es unmöglich ist, dass Gelb gewinnt, und unwahrscheinlich, dass Blau gewinnt.

4 Schreibe eine eigene Aussage und zeichne dazu ein passendes Glücksrad.

_____

_____

_____

1 Bei diesen Glücksrädern gewinnen immer die gelben Flächen.
Bei welchem Glücksrad hat man die größte Gewinnchance? Kreuze an.

 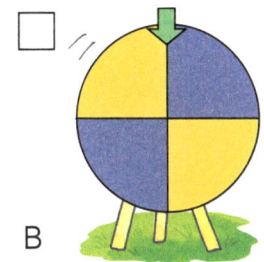 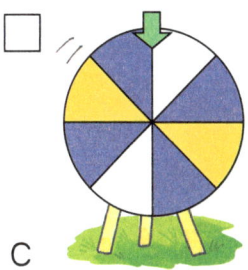

A   B   C

2 Bei diesen Glücksrädern gewinnen immer die roten Flächen.
Male die Glücksräder so an, dass sie die gleiche Gewinnchance haben.

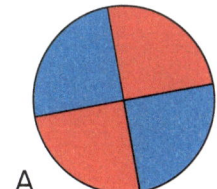 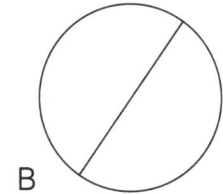 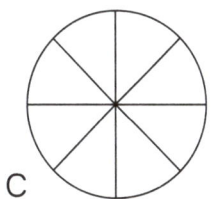 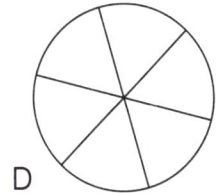

A   B   C   D

3 Bei diesen Glücksrädern gewinnen immer die blauen Flächen.
Bei welchen Glücksrädern hat man die gleiche Gewinnchance? Begründet.

A   B   C

 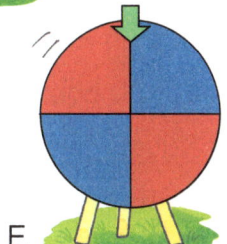 

D   E   F

4 Sieh dir Glücksrad D aus Aufgabe 3 an.

a) Färbe die Flächen so um, dass es unmöglich ist, dass Rot gewinnt.

b) Färbe die Flächen so um, dass Rot und Blau die gleiche Gewinnchance haben.

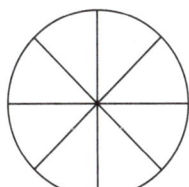 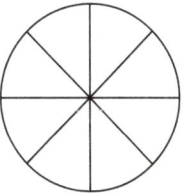

 c) Warum könnt ihr das Glücksrad nicht so färben, dass alle drei Farben die gleiche Gewinnchance haben?

1 Welche Aussage passt zu welchem Glas? Verbinde. Eine Aussage passt zu zwei Gläsern.

A

B

C

Es ist möglich,
eine gelbe Kugel zu ziehen.

Es ist sicher,
eine rote Kugel zu ziehen.

Es ist unmöglich,
eine gelbe Kugel zu ziehen.

Es ist wahrscheinlicher, eine rote Kugel
als eine gelbe Kugel zu ziehen.

2 Male die Kugeln so an (rot oder blau), dass die Aussagen stimmen.

a) 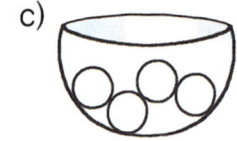 Es ist unmöglich, eine blaue Kugel zu ziehen.

b)  Die Wahrscheinlichkeit, eine blaue Kugel zu ziehen, ist genauso hoch wie die Wahrscheinlichkeit, eine rote Kugel zu ziehen.

c) Die Wahrscheinlichkeit, eine rote Kugel zu ziehen, ist höher.

d)  Die Wahrscheinlichkeit, eine blaue Kugel zu ziehen, ist geringer.

3  Zeichnet eigene Gläser mit zehn Kugeln, bei denen …

a) man häufig eine gelbe Kugel, aber selten eine rote Kugel zieht.

b) man immer eine gelbe Kugel, aber nie eine rote Kugel zieht.

c) es gleich wahrscheinlich ist, eine gelbe oder eine rote Kugel zu ziehen.

4 | möglich | selten | häufig | nie |

a) Ergänzt die Sätze.

A Wenn man drei Kugeln zieht, ist es _____, dass sie alle die gleiche Farbe haben.

B Wenn man fünf Kugeln zieht, haben sie _____ alle unterschiedliche Farben.

C Wenn man zwei Kugeln zieht, haben beide _____ unterschiedliche Farben.

D Wenn man vier Kugeln zieht, haben sie _____ alle die gleiche Farbe.

b) Schreibt zu den Begriffen | sicher | und | unmöglich | eigene Aussagen.

S9

1 Tim möchte sich zum Karneval als Clown verkleiden.
Er hat für sein Kostüm diese Kleidungsstücke zur Auswahl:

Tim hat ein Baumdiagramm gezeichnet um zu sehen, wie viele Möglichkeiten es gibt, sich damit zu verkleiden.

Das ist ein **Baumdiagramm**.

 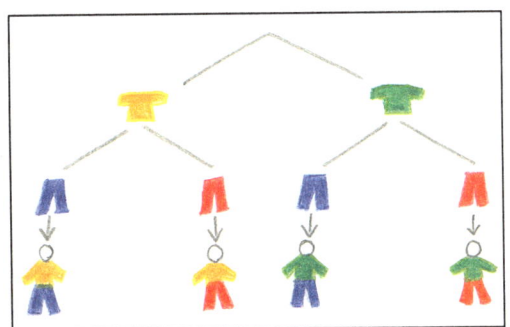

a) Tims Mutter gibt ihm zusätzlich ein grün-weiß gestreiftes Hemd.

Wie viele Möglichkeiten der Kostümierung hat Tim jetzt?
Zeichne ein passendes Baumdiagramm.

A.: _____

b) In einer Kiste entdeckt Tim noch zwei Hüte,
einen schwarzen und einen braunen.

Wie viele Möglichkeiten hat er jetzt? Ergänze dein Baumdiagramm.

A.: _____

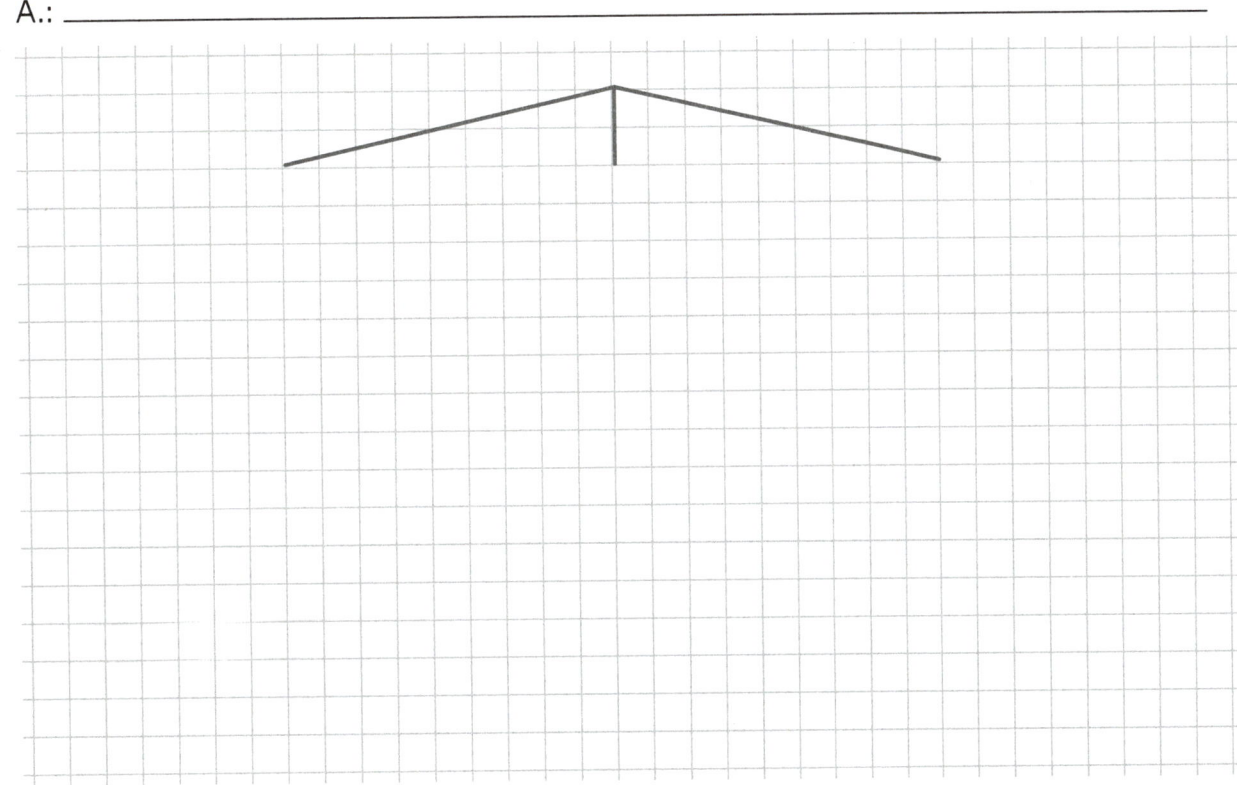

Datum: _____

1 Yuna möchte sich auch als Clown verkleiden.

a) Sie hat drei Hüte zur Auswahl.
Sie hat außerdem zwei Clownsnasen,
eine rote und eine blaue.

Wie viele Möglichkeiten hat Yuna sich zu verkleiden? Zeichne ein Baumdiagramm.

A.: _____

b) Yuna hat noch drei Fliegen entdeckt.

Wie viele Möglichkeiten hat Yuna jetzt?
Ergänze dein Baumdiagramm.

A.: _____

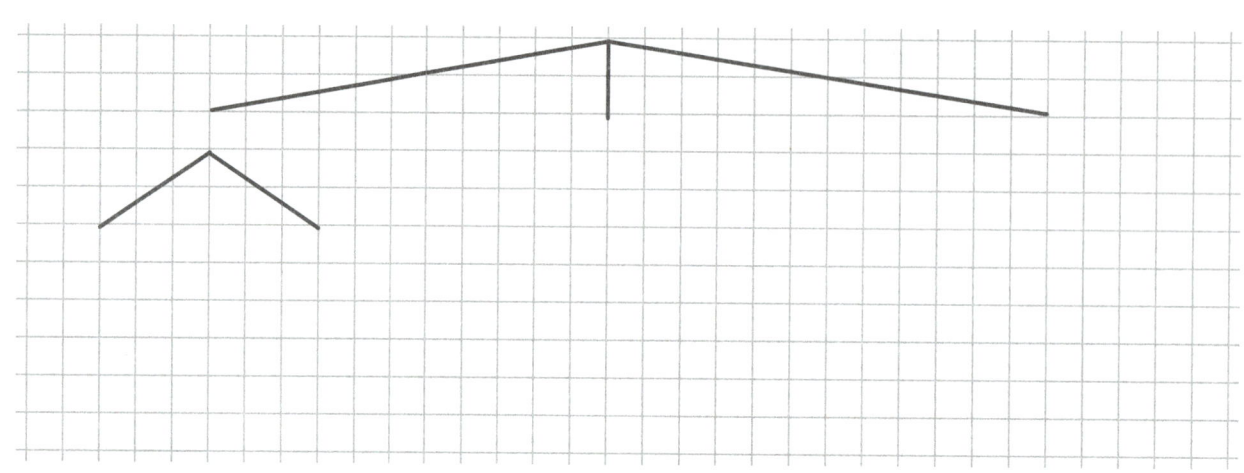

2 a) Stimmt die Werbung? Gibt es wirklich
über 20 verschiedene Möglichkeiten?

A.: _____

_____

b) Wie viele verschiedene Menüs wären es,
wenn zusätzlich noch Kuchen
und rote Grütze als Nachspeise
angeboten würden?

A.: _____

_____

Über 20 verschiedene Menüs (Vorspeise, Hauptgericht, Nachspeise)		
Vorspeise:	Hauptgericht:	Nachspeise:
Melone	**Burger**	**Eis**
Salat	**Nudelauflauf**	**Joghurt**
	Pizza	**Obstsalat**
		Quark

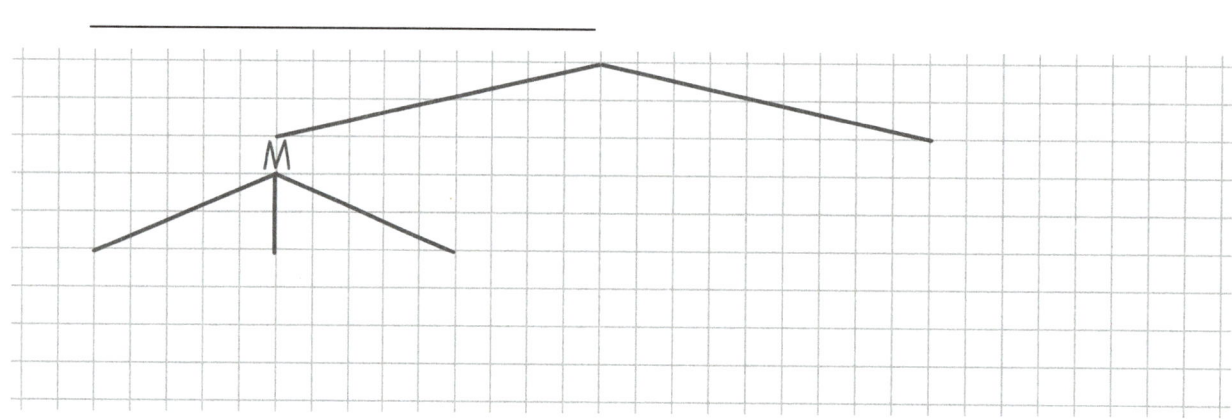

Sachrechnen – Kombinieren

1 a) Till möchte jede der Formen in einer anderen Farbe anmalen.
Er überlegt, wie viele verschiedene Möglichkeiten es gibt,
das Bild rot, gelb und blau auszumalen. Probiere aus.

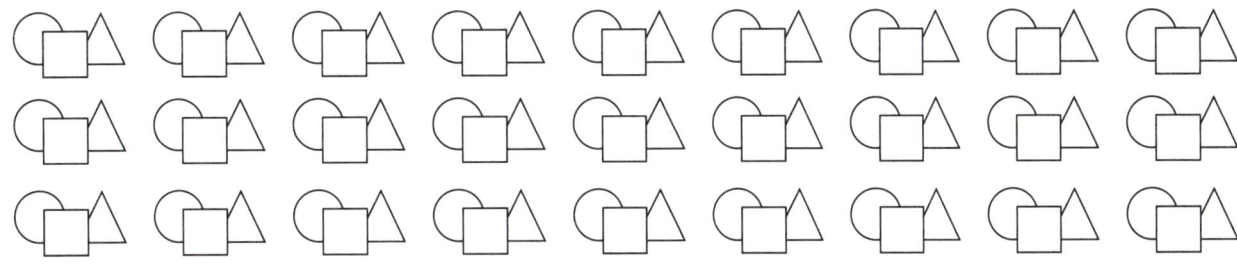

Antwort: Es gibt _____ verschiedene Möglichkeiten.

 b) Wie viele verschiedene Möglichkeiten gibt es bei diesem Bild?
Till hat einen blauen, einen roten, einen gelben und einen grünen Stift
und möchte immer jede Form in einer anderen Farbe anmalen.

Antwort: Es gibt _____ verschiedene Möglichkeiten.

Begründung: _____

_____

_____

_____

2 Bjarne hat auch das Bild mit den drei Formen angemalt.
Wie Tim hat Bjarne die Formen rot, gelb und blau angemalt.
Bjarne hat 27 verschiedene Möglichkeiten gefunden, das Bild anzumalen.

Was hat Bjarne anders gemacht als Tim?

Antwort: _____

_____

3 Lia soll im Kunstunterricht ein Muster malen.
Sie hat einen gelben, einen lila, einen orangen und einen roten Stift.
Für das Muster soll sie genau drei Farben benutzen.

Wie viele Möglichkeiten hat Lia, die Farben auszuwählen?

Antwort: _____

Sachrechnen – Kombinieren

1

Amira hat in einem Beutel vier verschiedene Formen.
Nacheinander zieht sie alle Formen aus dem Beutel
und legt sie der Reihe nach vor sich hin. △○▢○
Amira überlegt, wie viele unterschiedliche Reihen sie
mit den vier Formen legen kann.

Kannst du Amira helfen? Zeichne die unterschiedlichen Reihen auf.

1. △○▢○

A.: _____

2

Professor Listig hat sein Labor mit einem Schloss gesichert.
Um es zu öffnen, muss man nacheinander diese vier Symbole ▢○△+
in der richtigen Reihenfolge drücken.

Wie viele Möglichkeiten gibt es?

1. ▢○△+

A.: _____

3

Yussuf hat die Telefonnummer seines Freunds vergessen.
Er weiß noch, dass sie mit 40 anfängt.
Die anderen Ziffern sind 2, 3, 6 und 7.
An die Reihenfolge erinnert er sich aber nicht.

3 a)	4	0	2	3	6	7
	4	0	2	3	7	6

a) Wie viele Möglichkeiten
   für die Reihenfolge gibt es?

b) Wie viele Möglichkeiten gibt es,
   wenn die letzte Ziffer ungerade ist?

4

Beim Treffen auf der Skaterbahn klatschen sich die Kinder
zur Begrüßung ab. Jedes begrüßt jedes.
Insgesamt wurde 21-mal abgeklatscht.

Wie viele Kinder sind auf der Skaterbahn?

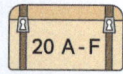
20 A–F

💬 Datenmengen – Megabyte, Kilobyte und Byte Datum:_____

Texte, Bilder und Videos können auf einem Tablet oder auf einem Computer gespeichert werden. Diese Dateien haben verschiedene Größen.

> Als Anhang meiner E-Mail kann ich höchstens 4 MB verschicken. Unser Foto hat 4500 KB. Kann ich die E-Mail abschicken?

> Das hier kann uns helfen!

Frag Flex und Flo

Die Größe einer Datei wird in **Megabyte**, **Kilobyte** oder **Byte** angegeben.

1 Megabyte (MB)	=	1000 Kilobyte (KB)
	=	1000000 Byte (B)
1 Kilobyte (KB)	=	1000 Byte (B)

1 Können Lina und Jaro ihr Foto vom Sommerfest als Anhang verschicken?

2 Lina und Jaro haben acht Bilder vom Sommerfest gemalt und eingescannt. Jedes Bild ist ungefähr 600 KB groß. Sie möchten die Bilder ihrer Lehrerin per E-Mail schicken. Die Dateien im Anhang dürfen zusammen höchstens 4 MB groß sein.

a) Können sie die acht Bilder mit einer E-Mail verschicken?

b) Wie viele Bilder können sie mit einer E-Mail verschicken?

3 Linas Mutter hat auf dem Sommerfest den Auftritt des Chors gefilmt. Der Film hat 16,5 MB.

Wie viele Kilobyte sind das?

> 0,1 MB = 100 KB

4 Jaros Vater möchte den Bericht vom Sommerfest von der Homepage der Schule auf sein Tablet laden. Auf dem Tablet sind noch 600 KB frei. Die Datei hat 1 MB.

Wie viele Kilobyte muss Jaros Vater löschen, bevor er die Datei herunterladen kann?

5 Wandle um in Byte.

a) 3 KB b) 10 KB c) 300 KB d) 5 MB e) 27 MB f) 419 MB

5 a)	3	KB	=

6 Wandle um. Erst in Kilobyte, dann in Megabyte.

a) 60000000 B b) 8000000 B c) 900000000 B d) 1000000 B

Datum: _____

Der Roboter Flex bewegt sich nur auf Befehl. Er versteht nur bestimmte Befehle.

1 Welches Programm passt zu welcher Schatzkarte?
Tragt den passenden Buchstaben ein.

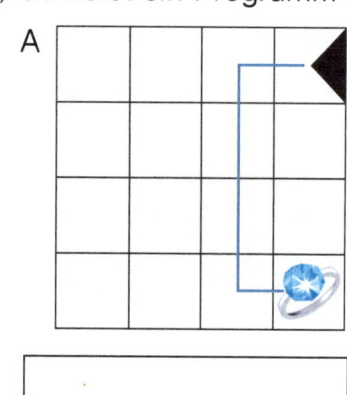

2 a) Schreibt ein Programm für den eingezeichneten Weg.

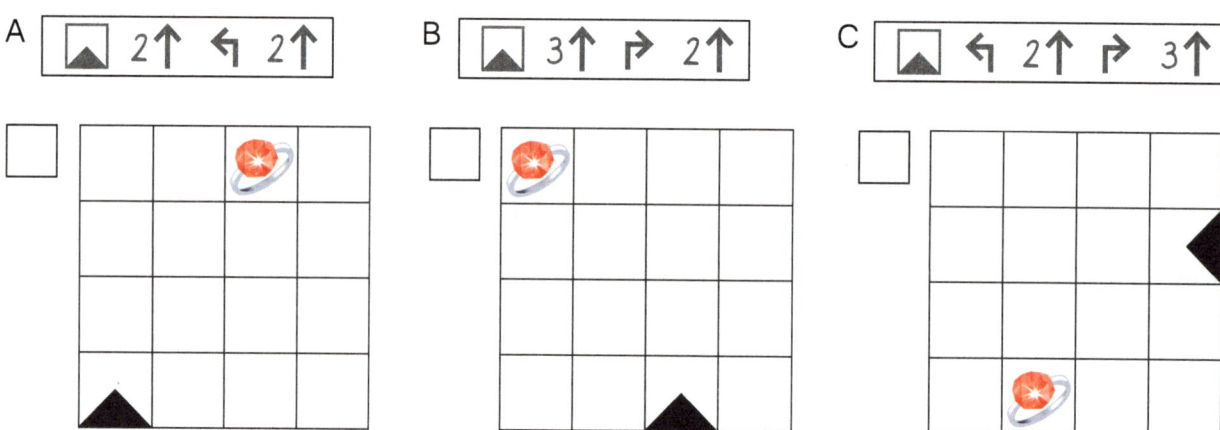

Algorithmen sind Beschreibungen von Handlungsschritten. Sie sind ein wesentlicher Baustein von Programmierungen. Beim Programmieren (Coding) werden sie in eine präzise, formale Programmier-Sprache übertragen und dabei durch Verallgemeinerungen und Zusammenfassungen so übersichtlich und kurz wie möglich dargestellt.

Datum: _____

1 Welche Programme gehören zusammen? Verbindet.

2 Schreibt die Programme mit einer Zählschleife.

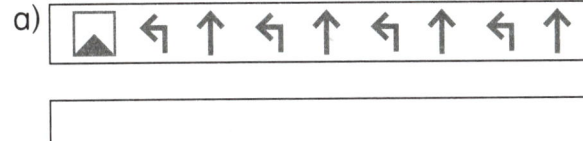 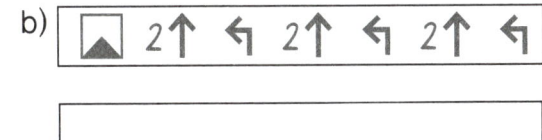

3 Schreibe die Programme mit einer Zählschleife.

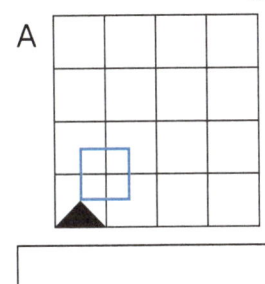 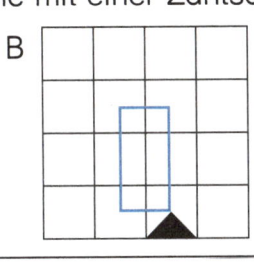 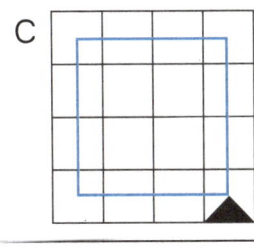 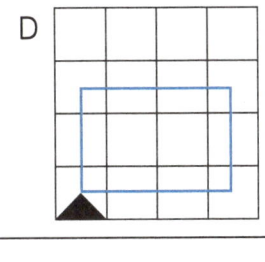

4 Welches Programm passt? Kreuze an.

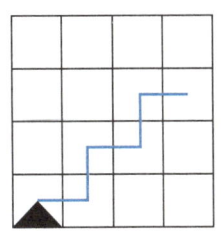

Datum:_____

Flo spielt „Tiere raten" am Computer:
Der Computer zeigt Flo vier Tiere.
Flo sucht sich heimlich eins aus.
Dann stellt der Compter ihm Fragen.
Flo antwortet mit „ja" und „nein".
Am Ende zeigt der Computer das richtige Tier.

Katze

Nilpferd

Hund

Affe

Ist das Tier ein Haustier?

NEIN JA

Kann das Tier auf Bäume klettern?

NEIN JA

1

Flex möchte wissen, wie der Computer das Tier gefunden hat.
Dafür hat er zu Flos Spiel einen Entscheidungsbaum gezeichnet.
An welcher Stelle steht welches Tier in dem Entscheidungsbaum?

| Katze | Nilpferd | Hund | Affe |

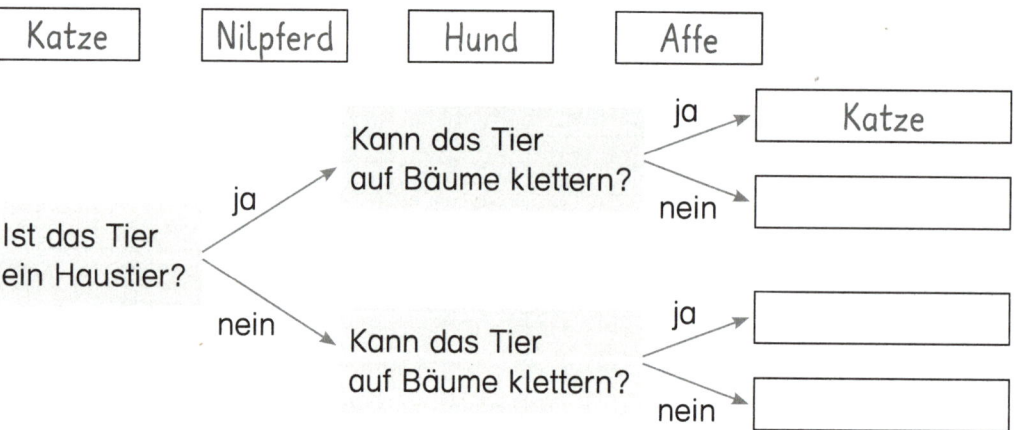

Ist das Tier ein Haustier?

ja → Kann das Tier auf Bäume klettern? → ja → Katze
nein →

nein → Kann das Tier auf Bäume klettern? → ja →
nein →

2

a) Wählt vier eigene Tiere und findet passende Fragen für ein Spiel.

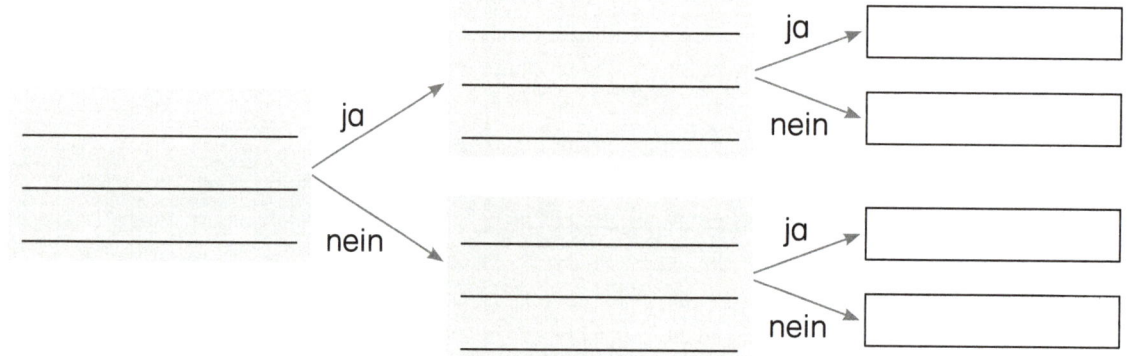

b) Funktioniert euer Spiel? Überprüft.

Entscheidungsbäume werden genutzt, wenn Computer Eingaben mit zuvor festgelegten Ausgaben verknüpfen sollen, z.B. wenn ein Computer lernen soll, Tiere in verschiedene Gruppen einzuteilen oder nach einer bestimmten Antwort auf eine Frage eine sinnvolle Anschlussfrage zu stellen (Maschinelles Lernen). Sie werden auch eingesetzt, um den Aufbau eines Programms zu modellieren/ zu optimieren.

In der Klasse 4b haben die Kinder
in Gruppen „Tiere raten" gespielt.
In jeder Gruppe hat sich ein Kind ein Tier ausgedacht,
ein Kind war der Computer und hat Fragen gestellt
und ein Kind hat zu ihrem Spiel
einen Entscheidungsbaum gezeichnet.

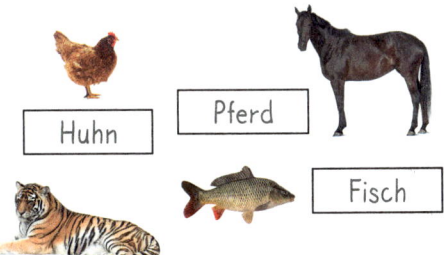

Huhn   Pferd   Fisch   Tiger

Gruppe A

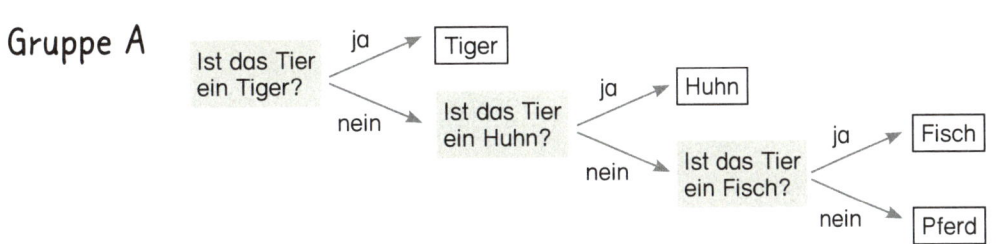

Ist das Tier ein Tiger? — ja → Tiger
— nein → Ist das Tier ein Huhn? — ja → Huhn
— nein → Ist das Tier ein Fisch? — ja → Fisch
— nein → Pferd

Gruppe B   **Gruppe C**

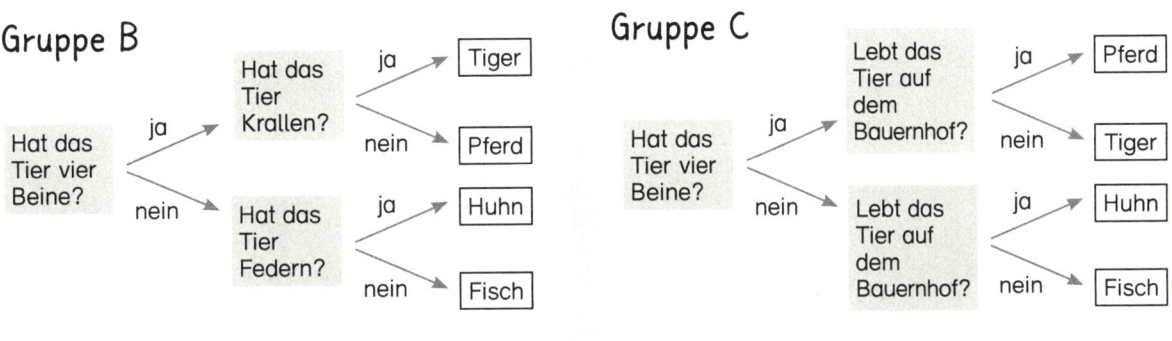

Gruppe B:
Hat das Tier vier Beine? — ja → Hat das Tier Krallen? — ja → Tiger / nein → Pferd
— nein → Hat das Tier Federn? — ja → Huhn / nein → Fisch

Gruppe C:
Hat das Tier vier Beine? — ja → Lebt das Tier auf dem Bauernhof? — ja → Pferd / nein → Tiger
— nein → Lebt das Tier auf dem Bauernhof? — ja → Huhn / nein → Fisch

Gruppe D

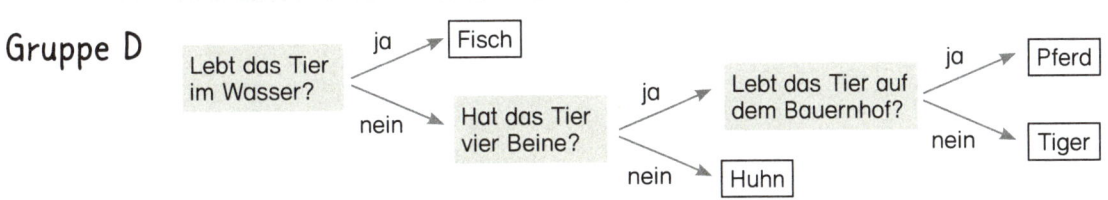

Lebt das Tier im Wasser? — ja → Fisch
— nein → Hat das Tier vier Beine? — ja → Lebt das Tier auf dem Bauernhof? — ja → Pferd / nein → Tiger
— nein → Huhn

1 Spielt „Tiere raten" wie die Klasse 4b.

Hund   Amsel   Papagei

Elefant

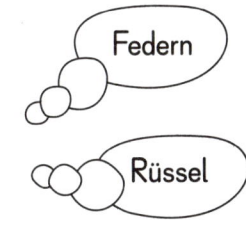
Federn

Rüssel

Anzahl der Beine

a) Spielt mindestens zwei Runden und fragt dabei immer so wie eine der Gruppen A, B, C oder D. Zeichnet auch Entscheidungsbäume.

b) Spielt noch einmal, fragt jetzt aber immer wie eine andere Gruppe. Zeichnet auch Entscheidungsbäume.

2 Ihr wollt jedes Tier so schnell wie möglich erraten und dabei immer so wenig Fragen hintereinander stellen wie möglich.
Welche Art zu fragen ist dann günstig?   Es ist günstig zu fragen wie Gruppe _____.

Entdecken und knobeln

1 Für eine Schulaufführung wurden insgesamt 77 Stühle in Reihen aufgestellt. Jede Reihe hat zwei Plätze mehr als die vorige. In einer dieser Reihen sind 13 Stühle.

Wie viele Sitzreihen gibt es?

2 Melik und Lea möchten ein neues Spiel kaufen. Jeder will gleich viel bezahlen.

Wie viel Geld hat Melik?

Ich habe sogar 15 € mehr, als ich brauche.

Melik

Ich habe erst ein Viertel des Geldes. Ich muss noch 12 € sparen.

Lea

A.: _____

3 Die Klasse 4a hat eine neue Lehrerin bekommen. Die Kinder überlegen, wie alt sie ist.

Ich glaube, sie ist 29 Jahre alt.

Nein, sie ist bestimmt 38 Jahre alt.

Das glaube ich nicht. Ich schätze sie auf 33 Jahre.

Ein Kind hat sich um ein Jahr verschätzt, ein anderes um vier Jahre und ein drittes um fünf Jahre. Wie alt ist die Lehrerin?

A.: _____

4 Familie Kliminski und Familie Bock wollen sich in den Ferien treffen. Familie Kliminski fährt in einer Stunde 80 km. Familie Bock kommt nur halb so schnell vorwärts. Nach zwei Sunden treffen sich die beiden Familien.

Wie weit wohnen sie voneinander entfernt?

1 Die Aufgabe eignet sich im Anschluss an Seite 10.
2 Die Aufgabe eignet sich im Anschluss an Seite 11.
3 Die Aufgabe eignet sich im Anschluss an Seite 22.
4 Die Aufgabe eignet sich im Anschluss an Seite 29.

5 Wie viel wiegt eine gelbe Kugel, eine blaue Kugel, eine grüne Kugel?

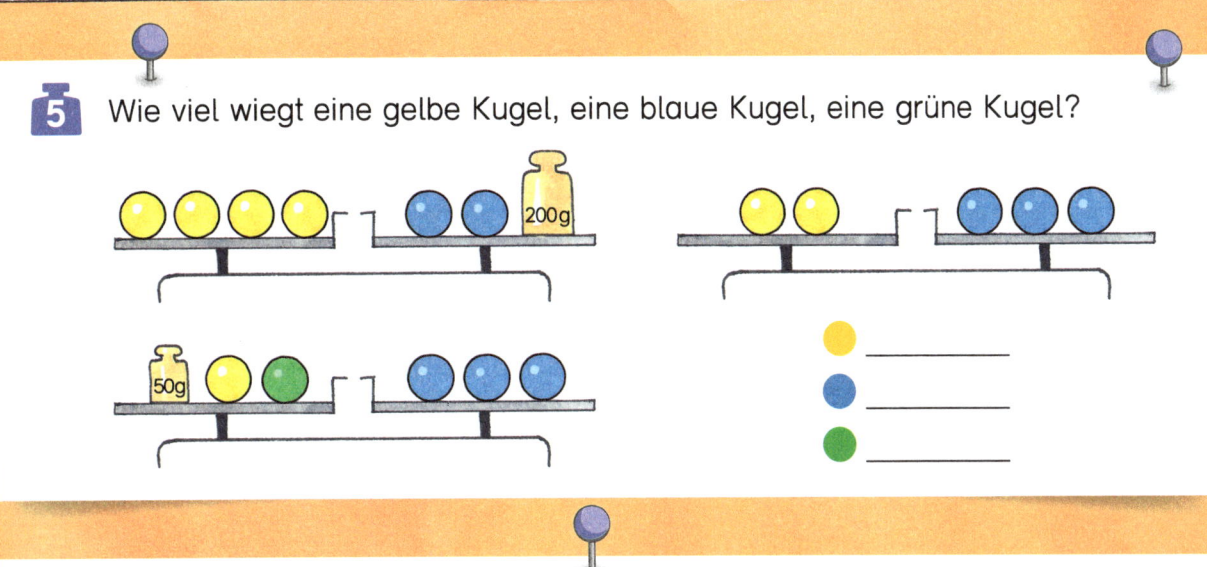

gelb: _____
blau: _____
grün: _____

6 Jonas hat früher jede Woche zweimal gebadet. Stattdessen duscht er jetzt jede Woche zweimal. Für ein Bad hat er 150 l Wasser gebraucht. Für eine Dusche braucht er 60 l Wasser. Nach einem Jahr hat Jonas so viel Wasser gespart, dass er damit ein weiteres Jahr duschen kann.

Kann das stimmen? Begründe.

7 Lorenzo und Lenja haben bunte Kugeln in einen Beutel gegeben. Sie lassen in ihrer Klasse 200-mal jeweils eine Kugel ziehen. Danach wird die Kugel wieder zurückgelegt. Ihr Ergebnis haben sie in einem Balkendiagramm dargestellt.

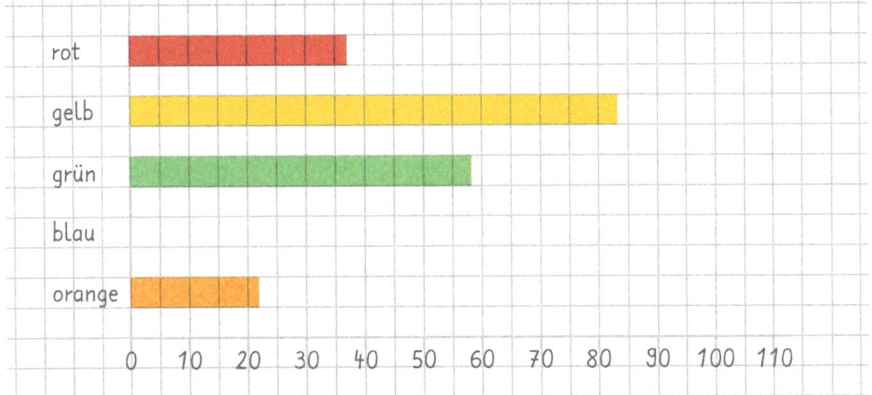

Welche Kugeln waren wahrscheinlich im Beutel?
Schreibe den passenden Buchstaben in dein Heft und begründe.

A rot: 4 Kugeln
   gelb: 3 Kugeln
   grün: 2 Kugeln
   orange: 1 Kugel

B blau: 1 Kugel
   gelb: 4 Kugeln
   grün: 3 Kugeln
   rot: 2 Kugeln

C grün: 3 Kugeln
   rot: 2 Kugeln
   gelb: 4 Kugeln
   orange: 1 Kugel

D gelb: 3 Kugeln
   rot: 2 Kugeln
   orange: 3 Kugeln
   grün: 1 Kugel

5 Die Aufgabe eignet sich im Anschluss an Seite 32.
6 Die Aufgabe eignet sich im Anschluss an Seite 47.
7 Die Aufgabe eignet sich im Anschluss an Seite 50.

61

Fachwörter und Redemittel

Längen

Meter und Zentimeter

1 Meter hat 100 Zentimeter.
1 m = 100 cm

270 cm = 2 m 70 cm = 2,70 m

**Das Komma trennt
Meter und Zentimeter.**

Zentimeter und Millimeter

1 Zentimeter hat 10 Millimeter.
1 cm = 10 mm

27 mm = 2 cm 7 mm = 2,7 cm

**Das Komma trennt
Zentimeter und Millimeter.**

Kilometer und Meter

1 Kilometer hat 1 000 Meter.
1 km = 1000 m

2 750 m = 2 km 750 m = 2,750 km

Das Komma trennt Kilometer und Meter.

$\frac{1}{4}$ km = 250 m = 0,250 km

$\frac{1}{2}$ km = 500 m = 0,500 km

$\frac{3}{4}$ km = 750 m = 0,750 km

Zwei Kilometer und
siebenhundertfünfzig Meter

Zwei Komma
sieben fünf null Kilometer

Gewicht

Kilogramm und Gramm

1 Kilogramm hat 1 000 Gramm.
1 kg = 1000 g

2 139 g = 2 kg 139 g = 2,139 kg

**Das Komma trennt
Kilogramm und Gramm.**

2 700 g = 2 kg 700 g = 2,700 kg

Zwei Kilogramm
und 139 Gramm

Zwei Komma
eins drei neun Kilogramm

Tonne und Kilogramm

1 Tonne hat 1 000 Kilogramm.
1 t = 1000 kg

8 265 kg = 8 t 265 kg = 8,265 t

**Das Komma trennt
Tonne und Kilogramm.**

3 600 kg = 3 t 600 kg = 3,600 t

Acht Tonnen und
265 Kilogramm

Acht Komma
zwei sechs fünf Tonnen

Rauminhalt

Liter und Milliliter

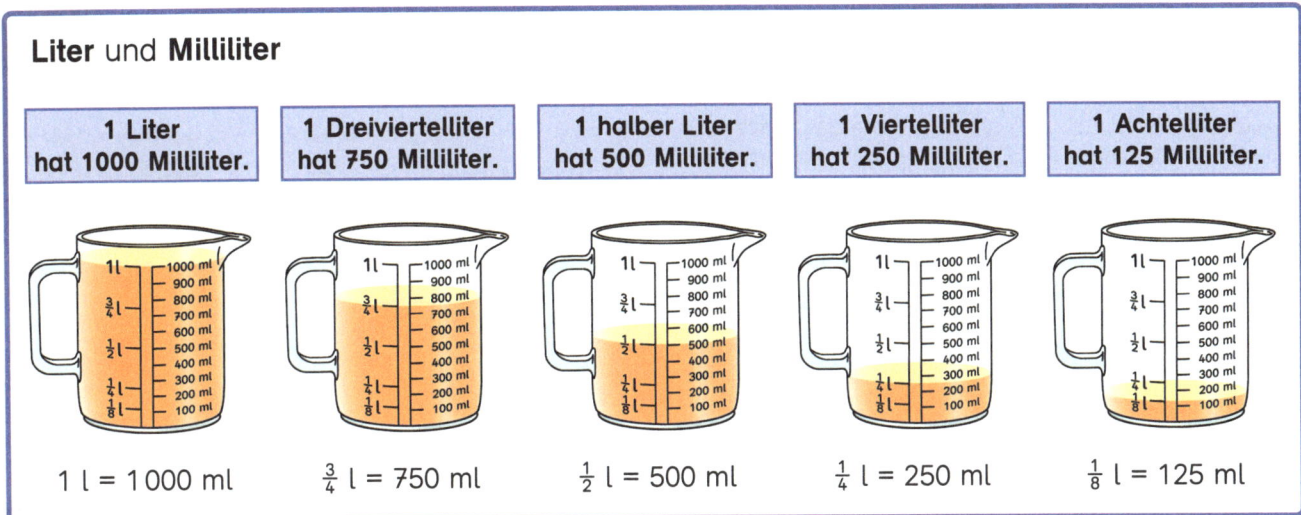

1 Liter hat 1000 Milliliter.	1 Dreiviertelliter hat 750 Milliliter.	1 halber Liter hat 500 Milliliter.	1 Viertelliter hat 250 Milliliter.	1 Achtelliter hat 125 Milliliter.
1 l = 1000 ml	$\frac{3}{4}$ l = 750 ml	$\frac{1}{2}$ l = 500 ml	$\frac{1}{4}$ l = 250 ml	$\frac{1}{8}$ l = 125 ml

Zwei Liter und 365 Milliliter

2365 ml = 2 l 365 ml = 2,365 l

Das Komma trennt Liter und Milliliter.

1300 ml = 1 l 300 ml = 1,300 l

Zwei Komma drei sechs fünf Liter

Sachrechnen – Daten

Kreisdiagramm

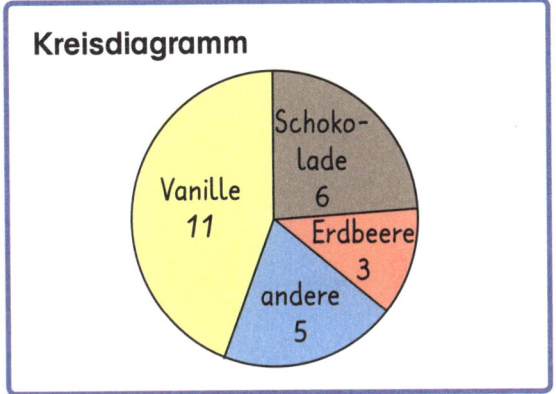

Sachrechnen – Kombinieren

Baumdiagramm

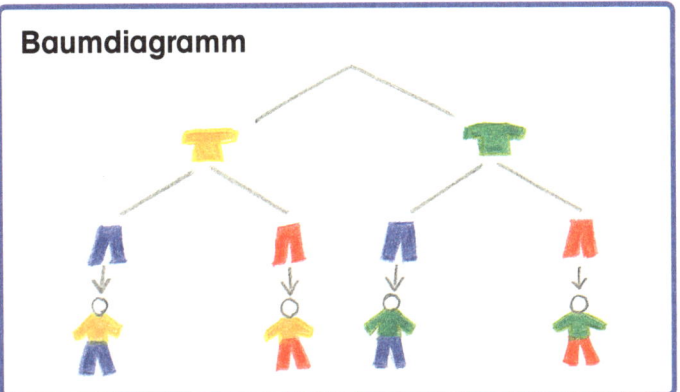

Datenmengen

Die Größe einer Datei wird in **Megabyte**, **Kilobyte** oder **Byte** angegeben.

1 Megabyte (MB)	=	1000 Kilobyte (KB)
	=	1000000 Byte (B)
1 Kilobyte (KB)	=	1000 Byte (B)

Flex und Flo für das 4. Schuljahr

MATERIALIEN FÜR SCHÜLERINNEN UND SCHÜLER

Addieren und Subtrahieren 4 978-3-14-118275-0
Multiplizieren und Dividieren 4........................ 978-3-14-118276-7
Geometrie 4.. 978-3-14-118277-4
Sachrechnen und Größen 4............................ 978-3-14-118278-1

Lernpaket 4
4 Themenhefte + Beilagen.............................. 978-3-14-118279-8
BiBox für Schüler/-innen..................................... WEB-14-118291

ZUSATZMATERIALIEN
Trainingsheft 4.. 978-3-14-118331-3

Themenhefte inklusiv D
Addieren und Subtrahieren (D) 978-3-14-118425-9
Multiplizieren und Dividieren (D).................... 978-3-14-118426-6
Geometrie (D)... 978-3-14-118427-3
Sachrechnen und Größen (D)......................... 978-3-14-118428-0

Lernpaket inklusiv D
4 Themenhefte + Beilagen 978-3-14-118424-2

MATERIALIEN FÜR LEHRERINNEN UND LEHRER

Handreichung 4... 978-3-14-118280-4
BiBox für Lehrer/-innen 4, Einzellizenz WEB-14-118292
                                     Kollegiumslizenz WEB-14-118294
Kopiervorlagen 4 978-3-14-118321-4
Förder-Kopiervorlagen 4 978-3-14-118323-8
Forder-Kopiervorlagen 4 978-3-14-118325-2
Lernwege-Karten 4.. 978-3-14-118329-0
Diagnoseheft 4 978-3-14-118318-4
Entdeckerkartei 4 978-3-14-118330-6